新媒体文案写作

主　编　卢秋根　姜世贞
副主编　郭子昊　刘　欢　吴川川
参　编　徐弘倩　孙　超　朱海文
　　　　徐　明　叶　卡

北京理工大学出版社
BEIJING INSTITUTE OF TECHNOLOGY PRESS

内 容 简 介

文案是一种将创意广而告之的文字呈现方式，是营销推广活动中不可或缺的组成部分。在新媒体飞速发展的背景下，文案也在新媒体平台上迸发出新的生机。那些具有传播价值的新媒体文案，不仅可以以较低的成本给企业和品牌带来高收益，而且可以在短时间内迅速提高企业和品牌的知名度和美誉度，具有极大的商业价值。本书从新媒体电商文案的角度出发，详细讲解了新媒体电商文案的写作方法和流程，分别从电商产品文案、微信文案、直播标题文案、短视频文案等方面，全方位讲授了不同文案的特点和写作技巧，并配合案例和实训任务，手把手帮助读者掌握各类文案的写作技巧，提高读者的新媒体电商文案写作能力。

本书讲解透彻、案例丰富，可供广大新媒体文案从业人员自学和参考。

版权专有 侵权必究

图书在版编目（CIP）数据

新媒体文案写作 / 卢秋根，姜世贞主编 . -- 北京：北京理工大学出版社，2025.1.
ISBN 978-7-5763-4792-0
Ⅰ . G206.2
中国国家版本馆 CIP 数据核字第 20252JC590 号

责任编辑：李慧智	**文案编辑**：李慧智
责任校对：王雅静	**责任印制**：施胜娟

出版发行 /	北京理工大学出版社有限责任公司
社　　址 /	北京市丰台区四合庄路 6 号
邮　　编 /	100070
电　　话 /	（010）68914026（教材售后服务热线）
	（010）63726648（课件资源服务热线）
网　　址 /	http://www.bitpress.com.cn

版 印 次 /	2025 年 1 月第 1 版第 1 次印刷
印　　刷 /	定州市新华印刷有限公司
开　　本 /	787 mm×1092 mm　1/16
印　　张 /	11.5
字　　数 /	247 千字
定　　价 /	75.00 元

图书出现印装质量问题，请拨打售后服务热线，负责调换

前 言

党的二十大报告指出:"构建优质高效的服务业新体系,推动现代服务业同先进制造业、现代农业深度融合。加快发展数字经济,促进数字经济和实体经济深度融合,打造具有国际竞争力的数字产业集群。"随着信息技术的不断进步,4G、5G网络技术的发展和成熟,移动互联网、人工智能、大数据等新技术催化了媒介形态的变化和新媒体的迭代演进。

随着新媒体的渗透,新媒体电商文案作为企业向受众传达广告信息的必备载体,在各行业、领域中形成了巨大的需求,新媒体文案创作者也逐渐成为职场上重要且紧缺的人才。本书从新媒体电商文案的角度出发,详细讲解了新媒体电商文案的写作方法和流程,并分别从电商产品文案、微信文案、短视频文案、直播标题文案等方面,全方位讲授了不同文案的特点和写作技巧,并配合案例和实训任务,帮助读者从初学者成长为一名合格的新媒体文案创作者。

• **本书特色**

知识全面,结构清晰。本书内容循序渐进、层层深入,使读者全面掌握电商文案的定义、创意与整体构思、从标题到内文的写作技巧,以及不同的新媒体平台电商文案的写作技巧等内容。

案例新颖丰富。本书每个任务点均以案例导入的方式引导读者,并在知识讲解后均设计了"任务实施"模块，从而帮助读者更好地掌握相关技能。

• 编者留言

本书的所有案例仅用于新媒体电商文案相关课程的教学，并非要为涉及的企业、品牌做宣传推广，也不对企业所宣传的产品功效的真实性和安全性负责。本书在编写的过程中，编者调研和参考了不同企业发布的互联网文案以及前人相关研究成果，在此谨向相关文案和文献的作者表示诚挚的谢意。

由于编者水平有限，书中难免存在不足之处，欢迎广大读者、专家批评指正。

编　者

目录 CONTENTS

项目一 电商文案认知 ·· 1
任务一　了解文案的概念及发展现状 ·· 2
任务二　熟悉电商文案的常见类型 ·· 5
任务三　了解电商文案岗位 ·· 10

项目二 电商文案构思与策划 ·· 17
任务一　激发电商文案的创意思维 ·· 18
任务二　创作电商文案的过程 ··· 24

项目三 电商文案标题写作技巧 ·· 36
任务一　了解电商文案标题的常见类型 ·· 37
任务二　电商文案标题的创作技巧 ·· 43

项目四 电商文案正文写作 ·· 54
任务一　电商文案正文表现形式及写作技巧 ·· 55
任务二　正文开头和结尾写作方法 ·· 69

项目五 产品文案写作 ·· 83
任务一　产品详情页文案写作 ··· 84
任务二　产品海报文案写作 ·· 97
任务三　产品促销活动文案写作 ·· 107

项目六　微信文案创作……………………………………………… 118

任务一　了解微信营销文案………………………………………… 119
任务二　掌握微信朋友圈文案写作方法…………………………… 128
任务三　掌握微信公众号文案写作方法…………………………… 136

项目七　短视频、直播标题文案的创作………………………… 145

任务一　短视频文案写作技巧……………………………………… 146
任务二　短视频脚本写作技巧……………………………………… 155
任务三　直播标题文案的创作……………………………………… 164

参考文献………………………………………………………………… 176

项目一

电商文案认知

【项目导入】

　　随着电子商务市场发展的日趋完善以及移动互联网的快速发展，各类新媒体迅速渗入社会生活的方方面面，在内容为王的时代，文案被消费者阅读、分享、传播，爆炸性发展的新媒体平台将文字的力量重新激活。如何让产品、品牌等信息在海量的资讯中脱颖而出？如何在短时间内使有效信息快速被消费者打开、记住、传播，进而占领消费者心智并刺激消费者的购买欲望？电商文案在此发挥着关键作用。那么，什么是电商文案？常见的电商文案有哪些类型？胜任电商文案岗位需要相关从业人员具备哪些基本能力？本项目将针对上述问题进行阐述。

【知识目标】

1. 了解电商文案的概念。
2. 了解电商文案的发展现状。

【技能目标】

1. 能够区分电商文案的不同类型。
2. 能够列举电商文案岗位的工作职责。

【素养目标】

1. 树立民族品牌意识，讲好"中国故事"，传播中华优秀传统文化。
2. 具备遵守相关法律法规的职业操守，培养爱岗敬业、勇于创新的良好品质。

任务一　了解文案的概念及发展现状

任务导入

比亚迪是一家致力于"用技术创新满足人们对美好生活的向往"的高新技术企业，成立于1995年2月，经过20多年的高速发展，已在全球设立30多个工业园，实现全球六大洲的战略布局。比亚迪业务涵盖电子、汽车、新能源和轨道交通等领域，在这些领域发挥着举足轻重的作用，从能源的获取、存储，再到应用，全方位构建零排放的新能源整体解决方案。2022年11月16日，比亚迪迎来了第300万辆新能源汽车下线，标志着比亚迪成为首个达成这一目标的中国品牌，推动了中国汽车业的崛起与全球绿色出行的加速变革。

2022年12月22日，比亚迪在哔哩哔哩、抖音、视频号等新媒体平台发布品牌态度短片《乘风破浪》，携手"环球船长"徐京坤共同讲述"乘风破浪一路向前"的壮阔历程，致敬在逐梦路上奋勇争先的中国力量。短片《乘风破浪》部分视频截图如图1-1所示。

图1-1　短片《乘风破浪》部分视频截图

启示：乘风破浪，一路向前，比亚迪的发展之路，是仰望星辰、追逐梦想之路，也是脚踏实地、不断坚持之旅。在细微处积蓄力量，用巅峰科技实现绿色未来，这是时代赋予比亚迪的使命，更是它恪守的信念，也充分体现了其品牌的核心价值观：竞争、务实、激情、创新。党的二十大报告指出，"坚持把发展经济的着力点放在实体经济上，推进新型工业化，推动制造业高端化、智能化、绿色化发展"。比亚迪始终履行"用技术创新满足人们对美好生活的向往"的伟大使命，始终践行"用电动车'治污'、用云轨云巴'治堵'"的绿色大交通战略，始终坚持在解决社会问题的过程中发展自己，为建设繁荣昌盛的祖国做出贡献。

项目一　电商文案认知

知识预备

一、电商文案的概念

电商文案是指基于各类电子商务活动平台，以文字、图片、视频等元素为载体，以向消费者传递商品信息和企业形象并刺激消费者产生购买行为为目的而存在的一种商业应用文体。近几年，随着电子商务的不断发展，电商文案既传承着传统文案的写作特点又有其独特的写作要求。电商文案是一种艺术创作，也属于经济活动的一部分。成功的电商文案能依靠卓越的文字、图片、视频等的表现力，描绘出美好的产品形象，促进产品的销售，并从长远上塑造品牌形象。

二、电商文案的发展现状

早期的电商文案基本上是将原来广告文案进行硬转化，如同新瓶装老酒的模式。这一期间的电商文案呈现出一种简单的表达，是传统广告文案电子生动化的表现。之后出现的淘宝网则在电商文案的内容和表现方式上进行了发展和改进，使其更加丰富。

随着网络技术的不断革新，各类新媒体如雨后春笋般出现。在新媒体时代，电商文案为了适应时间碎片化、需求个性化和场景虚拟化的特性，展现出以下的几个特点：

1. 语言更加精练

在时间碎片化严重的新媒体时代，电商文案更加讲究精练简洁，因为一旦潜在用户没有在不确定的碎片化时间内完成信息的接收，很可能很长时间无法确认下次的接收时间，乃至于渐进性忘记已被接收的信息。

2. 洞察事件效率性的提高

新媒体时代由于人人都是自媒体，很多热点信息发布的时间被大大缩短，这就要求电商文案能及时洞察特定潜在消费者特定时间的需求，比如对世界杯、奥运会这样的特殊事件要做出及时的热点跟进。

3. 生动化水平的提升

在短视频和直播兴起之后，电商文案的类型变得更加多样化，形式也越来越丰富，这就对新媒体时代电商文案的设计和编写提出了更高的要求。

任务实践

对比电商文案和传统文案的特点

任务目的

学生通过本次任务实践能够针对电商文案和传统文案的特点进行有效比较。

任务背景

我国作为茶文化的发源地，茶并不仅仅只是一种饮品，更是作为一个文化意象存在。

新媒体文案写作

茶颜悦色融合了我国的茶文化，是国内首创以中国风为主题的奶茶店。以下是茶颜悦色再次推出栀晓茶的部分推广文案内容：

栀晓茶再相见

风将栀子轻轻投落在书卷上
操场的少年聚在一起
你追我闹
再相见或许在一次意料之外的街边
再相见或许在那味道熟悉的米粉店
再相见或许在原三年某班教室门前
我们再次见面
是否会是栀子花盛开那样
这一次
栀晓茶变了身行头
袅袅栀香带着更灿烂的祝愿
期待相逢
以崭新的一面

此外该系列茶品的盒子也设计得别出心裁，茶盒子做成邮筒的形式，你所有那些说不出口、没来得及说出口的话，可以在这里先"开个口"，写在茶包空白处投进去，把每一次相见的点滴，一张张火车票、电影票、相见的合照……投递出去，就当是邮给期待再相见的好友，或者是未来的自己。茶颜悦色栀晓茶推广文案如图1-2所示。

图1-2　茶颜悦色栀晓茶推广文案

任务要求

通读上述文案，利用互联网查阅相关的电商文案，并与传统文案做对比。

任务实施

（1）列举上述茶颜悦色栀晓茶推广文案的特色之处。
（2）分别查找电商文案和传统文案的特点。
（3）针对各自特点进行比较。

项目一　电商文案认知

任务评价

根据以上任务实践的完成情况，完成任务评价表 1-1。

表 1-1　任务评价

评价项目	评价内容	分数	自我评价	小组评价	教师评价
任务过程（60分）	是否有针对性地列举文案的特色之处	20分			
	是否详细地查找了电商文案的特点	20分			
	是否详细地查找了传统文案的特点	20分			
任务结果（20分）	是否能够针对电商文案和传统文案的特点进行有效比较	20分			
素养目标（20分）	态度端正、认真严谨	20分			
计分					
总分（按自我评价30%、小组评价30%、教师评价40%计算）					

任务二　熟悉电商文案的常见类型

任务导入

中国银联云闪付的历史主题公益广告"大唐漠北军之最后一次转账"

一支坚守孤城40余载的军队，一枚在荒蛮大漠中传递的铜钱，一个流传千年关于使命的故事……

中国银联推出微电影《大唐漠北的最后一次转账》，献给那些坚守使命的人，助力付出者。在支付中为民生创造价值，亦是银联作为支付国家队的使命。中国银联旗下云闪付App带来的转账0手续费，不为商业利益，只为国计民生，承诺每一位付出者"你的每一分钱，都是一份使命"。中国银联文案部分视频截图如图1-3所示。

5

新媒体文案写作

图 1-3 中国银联文案部分视频截图

大漠黄沙，金戈铁马，把历史文化、家国情怀、民族气节、品牌形象、现代意象用影视艺术语言表现出来，入人心，引共鸣。

问题思考：上述中国银联的文案属于哪种类型？

知识预备

电商文案的种类繁多，根据不同的划分标准，可以分为多种不同的类型，不同类型的电商文案的写作方法及应用场景也不同，因此电商文案人员要写出符合受众需求的文案，就需要先了解电商文案的类型。按照其功能的不同，电商文案可以分为展示类、品牌类、推广类三种类型。

一、展示类

展示类电商文案主要以描述产品信息、传递商品的关键信息为主，目的是让相关产品更有认知度，能够更好地获得目标受众的认可。这类文案通常图片精美，图文并茂，搭配合理。常见的产品详情页文案、产品海报文案等属于展示类电商文案的范畴。图 1-4 所示为某款龙井茶瑞士卷的详情页文案，图 1-5 所示为某品牌冰箱的海报文案。

图 1-4 某款龙井茶瑞士卷的详情页文案 　　　　图 1-5 某品牌冰箱的海报文案

项目一　电商文案认知

二、品牌类

品牌类电商文案是以企业的品牌建设和宣传为主的文案类型，目的在于树立良好的品牌形象、提升品牌知名度、美誉度以及影响力。此类文案一般将品牌故事、形象、理念等以形象生动、富有创意的文字、图片或者视频表达出来，让目标受众能够了解品牌的形成过程、品牌所代表的意义等，逐步增加目标受众对品牌的信任感，从而增强品牌的市场竞争力。比如卡士乳业的品牌故事文案，如图1-6所示。

图1-6　品牌故事文案

三、推广类

推广类电商文案服务于整个网络平台，主要用于推广商品、服务或者宣传品牌。此类文案通常发布在受众面较广、影响力较大、传播度较高的平台，比如抖音、快手、哔哩哔哩、微博、今日头条、小红书、微信等，而且形式多样、互动性强。商家能够及时获得消费者的回复与反馈，增加彼此之间的互动，特别是互动范围较大、话题热度较高的文案，无形之中激发潜在消费者的购买欲，起到良好的营销作用。比如方太在微博平台上发布的话题文案，如图1-7所示。

图1-7　方太推广文案

7

新媒体文案写作

🅱 任务实践

分辨电商文案类型、总结电商文案作用

任务目的

通过本次任务实践能够正确辨别电商文案的类型，能够归纳总结电商文案的作用。

任务背景

知乎，一个中文互联网高质量问答社区和创作者聚集的原创内容平台，于2011年1月正式上线，以"让人们更好地分享知识、经验和见解，找到自己的解答"为品牌使命。在2020年高考后，知乎通过全网平台发布了一个态度短片，致即将填报志愿的考生和正面临选择的人。以下是贯穿这个短片《答案》的文案内容：

> 答了无数道题，
> 从这一次开始，
> 选择，不再有标准答案
>
> 选择"说出来"
> 选择"不被代表"
> 选择"不同，其实没什么不同"
> 选择"不相信成功拥有唯一标准"
> 选择"站出来""与这个不确定的世界对抗"
> 选择"去搏那万分之一的可能"
>
> 好在此刻你经历的也有人经历过
> 去借前人的火把探路
> 也可以自成一道不同的光束
> 人生海海，本就各有解答
> 风不会只吹往同一个方向
> 如果缺少一点运气，那就加上一些勇气
> 去选择，去行动，去发现更大的世界
> 成为一种，两种，甚至所有可能
> 即便我们终其一生都没能成为巨浪
> 也能各自奔涌，自成流向
>
> 人生海海，各有解答
> 当你选择，就是答案
> 填下你的志，实现你的愿
> 从这一次，到每一次
> 有问题，上知乎

项目一　电商文案认知

短片《答案》部分视频截图如图 1-8 所示。

图 1-8　短片《答案》部分视频截图

短短不到 300 字的文案，没有华丽的辞藻，没有激昂的语调，亦没有动人的故事，却将知乎品牌的正面形象树立得深入人心，将知乎的内在价值——多元和真实刻画得淋漓尽致，同时为其后续发布的全新广告语"有问题，就会有答案"做了自然的铺垫。

任务要求

通读上述文案，观看短片《答案》。

任务实施

（1）辨别上述电商文案的类型；
（2）赏析上述文案，讨论并分析该文案的作用；
（3）结合上述文案，归纳总结电商文案的作用。

任务评价

根据以上任务实践的完成情况，填写任务评价表 1-2。

表 1-2　任务评价

评价项目	评价内容	分数	自我评价	小组评价	教师评价
任务过程（60 分）	是否能够正确辨别该电商文案的类型	20 分			
	是否能够积极参与课堂讨论	20 分			
	是否能够列举该文案的作用	20 分			
任务结果（20 分）	是否能够归纳总结电商文案的作用	20 分			
素养目标（20 分）	团队协作、沟通表达	20 分			
计分					
总分（按自我评价 30%、小组评价 30%、教师评价 40% 计算）					

任务三　了解电商文案岗位

任务导入

随着电子商务市场机制的逐步完善，电商文案在企业产品销售、品牌推广、危机公关等方面的作用越来越重要，电商文案岗位也越来越受到各大企业的重视，与此同时，整个电商行业对于电商文案岗位的需求也越来越大。如图1-9所示，电商文案岗位的薪酬相对偏高，也从侧面反映了电商文案岗位的受重视程度。

资深电商文案策划(J11954) 06-12发布　立即沟通	广东林氏家居股份有限公司
2~3万　佛山·南海区|5-7年|本科	民营 | 1000-5000人
五险一金　绩效奖金　员工旅游　餐饮补贴	互联网/电子商务
电商文案策划　06-06发布　立即沟通	三立人（深圳）科技有限公司
1.5~2.5万　深圳·南山区|2年|本科	合资 | 150-500人
电商　服装行业　五险一金　年终奖金	互联网/电子商务
电商文案策划　06-05发布　立即沟通	好孩子（中国）商贸有限公司
1.5~1.8万　上海|5-7年|本科	合资 | 10000人以上
五险一金　年终奖金　绩效奖金	批发/零售

图1-9　某专业招聘网站发布的关于电商文案岗位招聘的部分内容

那么，电商文案岗位的具体工作职责是什么？一名合格的电商文案人员需要具备哪些工作能力？下面的知识预备模块将进行分条列点的介绍。

知识预备

一、电商文案岗位的工作职责

通过在各大主流招聘网站上查询关于电商文案岗位的具体工作职责信息不难发现，电商文案人员的日常工作内容主要是文案内容的策划、编写，推广活动的策划，广告宣传等，如图1-10和图1-11所示。

项目一　电商文案认知

电商文案策划　　　　　　　　　　　　　　　　　　　**8000~10 000元**

上海-闵行区　｜　1年经验　｜　大专　｜　06-25发布

周末双休　五险一金　餐饮补贴　绩效奖金

职位信息

1. 负责电商平台内容营销相关的站内和站外话题与文案的策划写作；
2. 负责电商平台日常产品素材的整理及产品推广文案撰写，挖掘产品亮点、卖点；
3. 负责线上渠道软文撰写以及用户相关的互动活动的策划、维护和复盘；
4. 负责电商平台订阅、逛逛、猜你喜欢、小红书和抖音等内容相关渠道的话题投稿、视频投稿、文案编辑、数据收集和复盘；
5. 负责撰写品牌电商平台对外宣传的各类稿件和广告创意类文稿（页面策划、视频脚本等）；
6. 根据项目营销推广需求撰写促销活动类的文字描述及广告创意文案；
7. 与KOL对接完成合作；
8. 完成领导安排的其他工作内容。

图1–10　某专业招聘网站发布的电商文案相关职位的工作内容

电商文案策划　　**7000~14 000元**

上海-长宁区　3-5年　本科

职位介绍

广告文案

职责描述：
独立负责多家旗舰店的内容工作。
1. 电商文案撰写：电商活动页面策划（思路&框架）、详情页、素材文案撰写；
2. 全域营销创意及文案：参与部分全域营销活动的共创（提供创意点和玩法建议）并落地部分执行，广告创意及推广素材（图文、视频）相关文案撰写；
3. 品牌策略文案：挖掘产品亮点与卖点，依据品牌风格、定位对产品进行直观、感性、富有吸引力的描述。
4. 运营活动策划及配合：搭建活动框架及运营店铺活动玩法，整合活动资源，撰写各种促销及营销文案与实施方案。

图1–11　某专业招聘网站发布的电商文案相关职位的工作内容

　　综合以上关于电商文案相关岗位的职位信息描述，总结此类岗位的职位概要：负责文字撰写和文字创意工作，主要包括产品文案、品牌文案、新媒体传播文案、推广活动策划书、推广活动文案策划撰写及创意执行工作。具体工作职责细化如下：

（1）策划产品标题、描述文案。负责分析客户需求，挖掘产品亮点与卖点，策划有品牌感、互联网思维、打动消费者的产品标题、描述文案。

（2）策划产品包装文案。负责策划撰写具有客户体验感、时尚感的产品包装文案。

（3）负责策划品牌文案。负责品牌文案，深度专题的策划、创意文案、推广文案的撰写执行工作。

（4）撰写相关品牌定位文案。基于对互联网市场的理解，对品牌的定位、价值观和使命进行准确定位，撰写相关文案。

（5）新媒体传播内容撰写与专题策划。负责微信、微博、今日头条等新媒体传播内容撰写（新闻稿、软文、各类网络广告文案、导购型软文、宣传推广文案等）和专题策划。

（6）撰写品牌故事、宣传文案。负责撰写富有情感的品牌故事以及公司对于品牌的对外宣传文案。

（7）负责互联网推广活动策划书。负责互联网推广活动策划书、海报广告文案、新媒体推广活动文案等的撰写。

（8）跟进活动策划案的执行。跟进活动策划案的执行，不断修正调整完善方案，负责新媒体内容编辑发布，日常运营、维护和管理，提高新媒体的影响力和关注度。

（9）负责跟踪热点事件、撰写热点文案。负责跟踪热点事件、互联网软性推广活动（事件营销、话题营销等）话题策划领域文案撰写。

二、电商文案岗位的任职要求

鉴于电商文案岗位所涉及的工作内容复杂多样，所以要想成为一名合格的电商文案人员，必须具备胜任此类岗位的基本能力。图1-12和图1-13所示为某些专业招聘网站发布的电商文案相关职位的任职要求。

电商文案策划　　　　　　　　　　　　　　8000~10 000元

上海-闵行区　｜　1年经验　｜　大专　｜　06-25发布

任职要求：
1. 热爱文字编辑工作，思路清晰，创意思维活跃，逻辑性和洞察力强，有较强的语言和文字表达能力，2年以上电商文案经验，懂淘内内容营销，运营过品牌，微淘、双微、小红书等新媒体平台经验一年以上；
2. 熟知互联网用户消费心理，对标题类文案、内容型文案、导购型文案及脚本类文案有初步的理解，能创作迎合大众感官的各类题材作品；
3. 思维活跃，文案功底扎实，优秀的文案编辑、润色、组织、撰写能力；
4. 中文、新闻、广告类专业优先。

图1-12　某专业招聘网站发布的电商文案相关职位的任职要求（一）

电商文案策划　7000~14 000元

上海-长宁区　　3~5年　　本科

任职要求：
1. 本科以上相关学历，电商公司或广告公司背景，文案策划能力优秀；
2. 较熟悉电商环境、电商语言风格，能承接不同类目、风格的文案内容；
3. 思维活跃，接受新鲜事物，对双微一抖、小红书、知乎、b站等热门平台有一定了解，并对图文种草、直播、短视频等主流传播形式有一定个人见解。

图1-13　某专业招聘网站发布的电商文案相关职位的任职要求（二）

项目一　电商文案认知

总的来说，可将电商文案岗位的任职要求归结为以下五个方面：

（1）有高度的责任感。这是基本条件，电商文案人员在要做到爱岗敬业、诚实守信、严谨踏实、甘于奉献。

（2）有良好的协调合作能力。电商文案写作工作涉及的范围较广，文案人员不仅需要与各部门的工作人员进行协调沟通，还需要与外部合作单位进行沟通，因此需要具备良好的协调合作能力。

（3）有敏锐的市场洞察力。电商文案人员要具备能够快速并准确捕捉产品或品牌亮点，对目标受众群体进行分析的能力。

（4）有扎实的文字功底。电商文案人员要具备良好的相关文案资料搜集、整理、组织和编辑的能力，写作语言流畅有技巧，能打动目标群体。

（5）要思维活跃、富有创意。电商文案人员能够多角度看待事物，找到不同的切入点。

任务实践

个人电商文案岗位规划

任务目的

学生通过本次任务实践能够更加全面地认识电商文案岗位的工作职责和任职要求，能够做出清晰明确的职业规划。

任务背景

小李是某校电子商务专业的一名学生，平日喜欢写作，对电商文案非常感兴趣，未来计划从事电商文案相关工作，因此他需要找准自身定位，充分了解电商文案岗位的各种职责和要求，并且制订切实可行的学习发展计划。

任务要求

学生基于对自己的认识和对电商文案岗位的认识，分别从自我分析、职业分析、目标分析、制订计划、撰写岗位规划五个方面，做好个人电商文案岗位规划。

任务实施

（1）自我分析。从兴趣爱好、性格特征、职业能力、职业价值观等方面进行自我分析，并完成表1–3。

表 1-3 自我分析

分析角度	具体描述
兴趣爱好	
性格特征	
职业能力	
职业价值观	

（2）职业分析。进入 BOSS 直聘、前程无忧等招聘网站，搜索电商文案相关岗位，查看多个招聘企业的招聘信息加以总结，并完成表 1-4。

表 1-4 职业分析

目标岗位：

分析角度	具体描述
招聘企业数量	
晋升空间	
岗位职责	
任职要求	
月薪范围	

（3）目标分析。提出切实可行的个人目标，包括短期目标（1~2 年的目标）、中期目标（3~5 年的目标）和长期目标（5 年以上的目标），并完成表 1-5。（建议短期目标具体、明确及可行；中期目标具有一定的激励性；长期目标可以不用太具体，但是尽可能长远。）

表 1-5 目标分析

目标类型	具体描述
短期目标	
中期目标	
长期目标	

（4）制订计划。根据个人短期目标，衡量差距，并制订相应的提升计划。
（5）撰写岗位规划。将上述内容汇总后，形成一份完整的电商文案岗位规划。

任务评价

根据以上任务实践的完成情况，填写任务评价表 1-6。

项目一　电商文案认知

表1-6　个人电商文案岗位规划任务评价

评价项目	评价内容	分数	自我评价	小组评价	教师评价
任务过程 （60分）	自我分析是否清晰、到位	15分			
	职业分析是否完整、全面	15分			
	个人目标是否明确、长远	15分			
	提升计划是否详细、可行	15分			
任务结果 （20分）	岗位规划是否清晰、完整	20分			
素养目标 （20分）	认真严谨、积极向上	20分			
计分					
总分（按自我评价30%、小组评价30%、教师评价40%计算）					

自我检测

（1）简述电商文案的概念。
（2）简述电商文案有哪些类型。
（3）请列举电商文案岗位的工作职责。
（4）电商文案案例分享：

每位学生准备2~3个不同类型的电商文案作品，以小组为单位（建议3~4人为一组），分享让自己留下深刻印象的电商文案作品，小组内进行信息整合，并完成以下作品汇总表（见表1-7）。

表1-7　电商文案作品汇总

序号	类型	作品亮点
1		
2		
3		
…		

项目小结

本项目主要讲解了什么是电商文案及电商文案的常见类型。电商文案岗位的工作职责及相关从业人员胜任该岗位需要具备哪些基本能力。

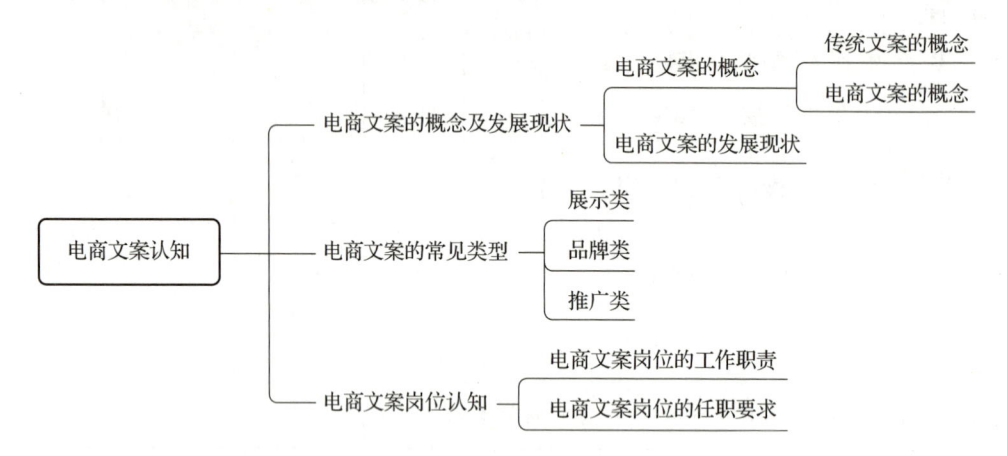

```
                                                              ┌─ 传统文案的概念
                            ┌─ 电商文案的概念及发展现状 ─┬─ 电商文案的概念 ─┤
                            │                            │                  └─ 电商文案的概念
                            │                            └─ 电商文案的发展现状
                            │
                            │                            ┌─ 展示类
电商文案认知 ───────────────┼─ 电商文案的常见类型 ──────┼─ 品牌类
                            │                            └─ 推广类
                            │
                            │                            ┌─ 电商文案岗位的工作职责
                            └─ 电商文案岗位认知 ─────────┤
                                                         └─ 电商文案岗位的任职要求
```

项目二

电商文案构思与策划

【项目导入】

最近，特讯运营与A公司达成协议，将负责A公司全年各平台的文案工作。为此，公司新成立了一个项目组，小艾也是其中的一员。在分配工作时，小艾被安排为该公司撰写一篇新品推广文案。小艾将在老李的指导下完成该工作。

小艾："老李，我怎么才能写出更有针对性的文案呢？"

老李："写作文案前，首先要策划与构思文案内容，这样才能写出好的作品。"

小艾："就是说我要先安排好内容再写？"

老李："对的，在写作文案之前先构建好思路再进行创作会事半功倍。"

看完以上对话，你知道文案创作者应该从哪些角度进行切入，以便更快速、更高效地写出具有创意的电商文案吗？本项目将主要讲解电商文案的构思与策划。

【知识目标】

1. 了解电商文案的写作目标以及素材的类型和整理素材的方法。
2. 掌握电商文案写作的不同创意主题和创作思路。

【技能目标】

1. 能够准确完成电商文案主题的构建，并列出电商文案提纲。
2. 可以创作出多种主题的电商文案。

【素养目标】

1. 遵循《中华人民共和国广告法》(以下简称《广告法》)，不虚假宣传。
2. 树立版权意识，尊重他人的知识成果，做到不侵权、不抄袭。
3. 坚持自信自立、学习奋斗、拼搏、追求理想、爱岗敬业的精神。

任务一　激发电商文案的创意思维

任务导入

在进行文案创作之前，首先需要找到合适的创意来展开创作活动，那么如何在众多的电商文案之中脱颖而出呢？首先就要知道正确的打开思路的方法。图2-1是一则关于父亲节的电商文案。

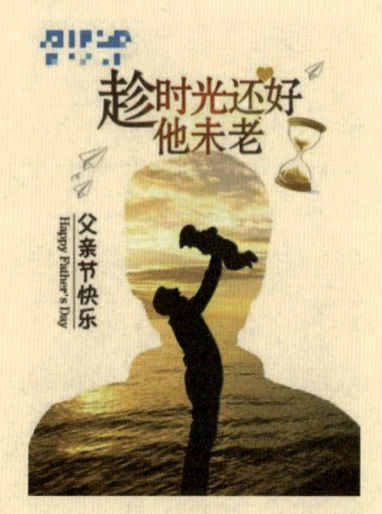

图2-1　父亲节的电商文案

知识预备

一个优秀的电商文案，必不可少的就是独特的创意，那么如何产生这些创意呢，可以用到以下几种方法：

一、九宫格思考法

九宫格思考法是一种利用九宫格发散思维，帮助创意产生的简单练习方法，可以有效帮助创作者构思文案、策划方案等。九宫格思考法的操作步骤如下：

（1）拿一张白纸，先画一个正方形，然后用笔将其分割成9个大小相等的格子（这9个格子称为"九宫格"），再将主题（产品名称等）写在正中间的格子内。

（2）将与主题相关的、可帮助此产品销售的众多优点写在旁边的8个格子内，尽量用直觉思考。具体的填写方式可以有如下两种：

项目二　电商文案构思与策划

①依顺时针方向填写：按照顺时针方向把自己所想到的要点填进方格，循序渐进由浅入深地对商品进行挖掘。

②从四面八方填写：将自己所想到的要点填进任意一格，不用刻意思考这些点之间有什么关系。

（3）反复思考、自我辩证分析，查看这些点是否有必要、明确，是否有重合，据此修改，一直修改到满意为止。若是对产品的想法很多或认为还可以延伸某个点，可以多画几个九宫格，再去粗取精。

（4）填写九宫格的注意事项：如果8个方格填不满，可以尝试从不同角度进行联想。如果8个方格不够填，可以继续绘制九格图，进行补充填写。

九宫格思考法可以帮助创作者厘清产品卖点与文案脉络。创作者可以比较分析市场上的一些优秀文案，思考文案的撰写思路。

二、要点延伸法

要点延伸法是从"1"到"n"的过程，它将产品特点单点排列，再针对单点进行要点延伸，丰富电商文案写作的素材、观点，使电商文案更具有说服力。如果说九宫格思考法是对产品卖点的思考，那么要点延伸法则是对产品卖点的展开和内容的扩充。要点延伸法要求对产品有更加深入的使用体验、产品认知等方面的叙述，其目的是将产品卖点的原始描述衍生为对目标消费群体起作用的电商文案。要点延伸法如图2-2所示。

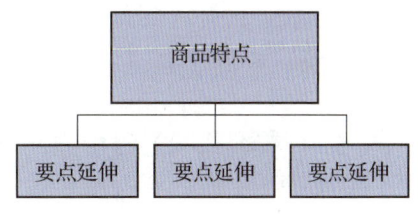

图2-2　要点延伸法示意

三、头脑风暴法

电商文案的存在为产品和品牌赋予了一件新的外衣，使消费者能愉快地接受这些事物，而要达到宣传推广作用还需要创意。创意是电商文案比较重要的元素，而头脑风暴法是常用的比较直接的创意生成方法。在不受限制的情况下，集体讨论问题能激发人的想象、热情及竞争意识，从而发挥创造性的思维能力，去思考、讨论与电商文案主题相关的关键词、文案写作的风格或在电商文案中搭建具体化的使用场景等。头脑风暴法的实施方式通常是举行一个研讨性的小型会议，使与会者可以畅所欲言，相互启发，产生更多创意想法。头脑风暴法步骤如表2-1所示。

表 2-1　头脑风暴法步骤

构成要点	实施要点
会前准备	会议要有明确的主题；会议主题要提前通报给与会者，让与会者有一定的会前准备；使与会者清楚会议提倡的原则和方法；选择主持人，主持人要负责引导会议并确保与会者遵循基本规则
参会人数	最佳人数构成为10~12人，最多不超过15人

19

续表

构成要点	实施要点
会议时长	一般控制在 20~60 分钟
人员配置	设一名主持人，主持会议但对设想不做任何评论；设 1~2 名记录员，完整记录人员配置所有与会者的想法，并进行归类；其他与会者最好是不同专业或不同岗位的人员
会议要求	不要在思考的过程中评价设想，一定要在完成头脑风暴后再进行评价；尽可能多地说出设想意见，不要害怕自己的意见不被采纳，看法越多越好，主要着重于会议要求以及看法的数量，而不是质量；提倡自由发言，鼓励巧妙地利用和改进他人的设想

在运用头脑风暴法时，需要审读主题，围绕主题思考，可以天马行空，但不能跳出主题的范畴。其具体方式是根据文案实施要点来描述主体，选取不同的思考角度，寻找其对应的不同特点，罗列出相应的关键词。如表 2-2 所示，以竹叶青为例，从其产地来看，可以得出"峨眉 600~1 500 米高山茶区""北纬 30°，黄金产茶带"等特点；从成品特质来看，可以得出"口感上乘，唇齿留香""含水量低、品质好、易保存"等特点。

表 2-2 竹叶青特点关键词

思考角度	特点 1	特点 2	特点 3	特点 4
产地	峨眉 600~1 500 米高山茶区	北纬 30°，黄金产茶带	群山中，云雾缭绕，水质好	标准产房、专业生产设备
成品特质	扁平匀直，嫩绿油润	干茶茶芽匀整，栗香馥郁	口感上乘，唇齿留香	含水量低，品质好，易保存

四、五步创意法

这个方法是由美国著名广告大师詹姆斯·韦伯·扬提出的，即用五个步骤完成广告创意。五步创意法同样适用于电商文案的创意写作，具体的步骤如下：

（1）收集原始资料阶段。收集资料阶段是指对原始资料的收集，通常可将原始资料分为一般资料和特定资料。一般资料是指人们日常生活中令人感兴趣的事物，特定资料是指与产品或服务有关的各种资料。电商文案创作所需的素材大多从这些资料中获得，因此要获得有效的、理想的创意，原始资料必须丰富。

（2）理解消化资料阶段。这个阶段是一个反复思考的过程，要求电商文案创作者思考和检查原始资料，对所收集的资料进行理解分析，寻找资料间存在的关系，找出创意的主要诉求点，对于所收集的资料进行理解性的吸收。

（3）酝酿孵化阶段。酝酿孵化阶段是相对轻松的阶段，这个阶段主要依靠个人的思维能力及前期工作的准备。一般情况下，电商文案创作者不需要做其他的事情，只要顺乎自然即可。简言之，就是将问题置于潜意识之中。例如，有时候尽管非常用心，甚至不眠不

休地思考和研究资料，然而效果并不如意。但是当放松思维，去做其他的事，比如看书、写字，忽然就找到了创意灵感。

（4）产生创意阶段。詹姆斯·韦伯·扬认为，如果创作者认真踏实、尽心尽力地做了上述三个步骤，那么，第四步也会自然而然地完成。即创意通常都是在不知不觉中产生的，因为"无意识思维"状态是创意到来的最佳时机。换言之，创意往往是在竭尽心力，停止有意识的思考，经过一段停止搜寻的休息与放松后出现的。

（5）修正创意阶段。前面四个阶段产生的创意只存在于大脑中，是一种理论上的东西，并且不一定成熟和完善。若想创意符合具体条件或实际要求，使新的构想更加成熟、完善，通常还需要将创意输出到纸面上，也就是将创意进行实践，再检查有哪些不足之处，并进行进一步的修正。

五、元素组合法

元素组合法的本质是通过不同元素的组合，使文案更具创意。这种组合在一般文案中可能包含品牌、产品，可以是多方面的。例如，恰恰食品结合核桃仁和"人"文字元素（同音字），在我国获得某赛事胜利的时候，发布了"国'仁'骄傲"的宣传文案，既表达了对胜利的喜悦，又宣传了其核桃类坚果产品品质优秀的特点。

六、创意思维法

人的头脑是非常灵活多变的，激发创意的方法也有很多。仅从思维的角度来讲，创作者可以运用发散思维、聚合思维、逆向思维等思维方式激发想象力，探索创意途径。

（1）发散思维。发散思维亦称扩散思维、辐射思维，指从已有信息出发，不受已知或现存的方式、方法、规则和范畴的约束，尽可能向各个方向扩展思考，从而得出多种不同的设想或答案。例如，针对同一节日主题，不同的品牌可以将其与自身产品联系起来，或者同一品牌还能创作出多个符合主题的文案，这也是思维发散性的体现。

（2）聚合思维。聚合思维也称求同思维、辐合思维，指从已知信息中产生逻辑结论，从现有资料中寻求正确答案的一种有方向、有条理的思维方式。创作者可以从已有信息中挑选出关键信息，然后从关键信息出发打造核心卖点，达到一击即中的目的。例如，奶粉产品的产地、品质认证、特殊工艺、产品包装、营养元素等优势都可以成为其宣传点或卖点。为了给消费者留下深刻的印象，可以聚焦到与其他产品具有较大差异的一点，如"飞鹤奶粉 更适合中国宝宝体质"的宣传文案。

（3）逆向思维。逆向思维即反其道而行之，从常规思维的对立面着手，打破原有规则，得出新的想法与创意。例如，促销期间，在其他品牌大做促销活动时，某品牌打出了主题为"别买我"的服装广告，鼓励消费者维修旧物而不是购买新产品，成功树立了良好的社会口碑，使其"拒绝过度消费"的品牌理念深入人心，并与其他快时尚品牌形成差异。

新媒体文案写作

任务实践

为"高蛋白牛奶"文案写作激发创意思维

任务目的

本次任务旨在通过针对"高蛋白牛奶"的文案写作,激发学生的创意思维,让学生掌握激活创意的几大思维方式,为今后的文案写作打下良好的基础。

任务背景

随着时代的进步、物质生活水平的提升,市场竞争日益激烈。人们对于食品的营养价值也提出了更高的要求,牛奶品类的市场细分也更为精准,因此,学会针对产品特点创作出有创意的文案对于品牌以及产品的营销至关重要。

任务要求

某品牌推出了一款主打蛋白质含量高的牛奶,需要围绕着这一产品特点进行文案创作。请用任务一所学到的创意思维方法进行创意写作,写出你能想到的创意方案,并详细描述过程。

任务实施

在进行高蛋白牛奶电商文案创作前,可以先根据九宫格思维法来进行创意激活,首先在纸上画出九个相邻的格子,在中间的格子上写出需要进行文案创作的产品名字:高蛋白牛奶。接着进行接下来的步骤,我们可以想想高蛋白牛奶具有什么优点,比如胆固醇含量低,就可以写在中间格子的右边,再接着展开思维,可以从牛奶的产地以及产地的优点进行发散思维,把想到的优点依顺时针填在表格中,这样一次完整的九宫格创意思维就完成了。

文案示例:

九宫格思维法具体示意图参照图2-3。

自然环境	纯天然牧场	优质奶牛
高钙高营养	高蛋白牛奶	胆固醇含量低
易于出口	天然草饲	生长天然

图2-3 "高蛋白牛奶"九宫格思考法示意

文案效果可参照图2-4。

项目二　电商文案构思与策划

图 2-4　高蛋白牛奶广告文案

任务评价

根据以上任务实践的完成情况，填写任务评价表 2-3。

表 2-3　"高蛋白牛奶"文案写作创意思维任务评价

评价项目	评价内容	分数	评价说明	自我评价	小组评分	教师评分
任务实施（60分）	了解电商文案的各种创意思维方式	30 分	能够准确知道各种思维方式的特点及区别			
	知道不同的创意方式如何运用	30 分	可以熟练使用各种创意方式激活思维			
工作技能（20分）	熟悉使用几种思维方式进行创作	20 分	能够独立创作出具有创意的电商文案			
职业素养（20分）	独立自主	10 分	独立完成文案创作，不抄袭			
	创新创意	10 分	能够独树一帜，有自己的独特风格			
计分						
总分（按自我评价 30%、小组评价 30%、教师评价 40% 计算）						

新媒体文案写作

任务二　创作电商文案的过程

任务导入

味全每日C近两年降低了目标消费群体的年龄层，将其定位于追求健康生活、20~30岁的年轻白领。这类消费群体在生活和工作中都面临着巨大的压力。基于对目标消费群体的深入调查，味全每日C以关怀消费者为核心理念推出了系列瓶身文案，让消费者在购买产品的同时可以感受到企业的关怀及温暖，如图2-5所示。

图2-5　味全果汁

知识预备

在成功地激发了创意之后，我们就可以进行电商文案的创作了，创作电商文案创作的步骤主要可以分为以下四步：

一、确立写作目标

确立写作目标主要有以下两项内容需要掌握，分别是电商文案的写作背景及文案的受众群体。

1. 了解电商文案写作背景

在进行电商文案创作之前，首先需要确立一个具体的写作目标，知道文案的主要诉求是什么，这就需要分析文案的写作背景。在分析时，可以从描述主体、写作目的、写作类型、发布平台消费者、竞争者等五个方面展开。

（1）描述主体。这是指本文案描述的对象，可以是企业、品牌或具体某种产品。

（2）写作目的。写作目的指的是作者创作文案的用途，一般任务目标是由甲方指定的，可以是宣传品牌或推广新产品。

写作目的主要可以分为两步：

①以改变受众态度为目的。改变受众态度是指让受众对产品产生正向态度，例如，从不了解产品到认可产品。该目的实现的核心是"信任"，为此，可以从体现品牌理念、提供品质认证、传达竞争优势、关注受众感受这四个方面来入手。

②以促使受众行动为目的。若文案以促使受众行动为目的，如引导其下单购买，那么文案则需满足符合受众的需求、设计行动的触发点、降低行动成本、解决受众疑虑等因素。

（3）发布平台。这是指文案的发布平台，如微信、哔哩哔哩、淘宝、微博、小红书、豆瓣、抖音、知乎等。不同的平台适用的文案类型不同、受众人群不同。在写作文案时，需根据不同平台的特点去创作合适的文案，以达到最佳的效果。

（4）写作类型。这是指文案的呈现形式，主要包括图片类、文字类、视频类、音频类，又可分为海报文案、短视频文案、产品详情页文案等。要注意的是：写作类型主要是由发布平台决定的，应该根据文案所发布的平台去决定相适应的文案写作类型。

（5）消费者与竞争者。这是指企业、品牌、产品或服务面向的目标消费群体。创作者需分析其年龄、消费水平、消费偏好、购买心理、阅读偏好等，从而增强文案的吸引力和精准度。竞争者有广义和狭义之分，这里是指与企业有竞争关系的公司或者同质化产品。

2. 分析文案受众群体

（1）消费者画像。消费者画像是根据消费者的基本属性、生活习惯和消费行为等信息而抽象出的一个标签化的用户模型。为消费者画像包含以下五个方面的内容：

①消费者固定特征：包括性别、年龄、教育水平、职业、星座等。

②消费者兴趣特征：即消费者的兴趣爱好，如喜欢外观精致的物品、流行歌曲，热爱阅读、旅行，对美食、购物感兴趣等。

③消费者社会特征：包括生活习惯、婚恋情况、人际交往以及家庭环境等。

④消费者消费特征：包括收入状况、购买水平，以及产品的购买渠道、购买频次和购买产品类型的偏好等。

⑤消费者动态特征：消费者动态特征是灵活可变的，一般根据时间和现实条件而发生变化，具体可包括消费者当下的需求，周边有哪些商户可以满足这些需求等。

（2）消费者购买动机。消费者在选购产品时都有促使其做出购买决策的驱动力，这就是所谓的购买动机，如感情动机、理智动机、信任动机、求新动机等。例如，图2-6是以中年女性为主要消费群体的服装产品的电商文案，而这部分女性有两个最核心的购

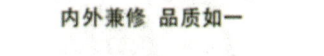

图2-6 女装文案

买动机：一是保持优雅，展现气质；二是希望可以更加舒适，取悦自己。那么，电商文案创作者针对这部分消费群体，就需要在产品描述中写出可以打动消费者群体并满足其需求的文案。

二、明确写作主题

在完成了步骤一确立写作目标之后，我们还需要找到合适的主题来实现定下的写作目标，那么如何去确定自己的文案主题并从一个合适的角度切入去创作文案呢？主要有以下两个要点：

1. 找出主题表达方式与场景

每个文案都有明确的主题，我们需要结合受众的购买动机和之前掌握的创意策略确定主题，然后选择合适的主题表达方式，并根据主题构思场景。以下是几种不同的主题表达方式：

（1）动机型。动机型文案是指在场景中融入产品的价值，给受众一个购买理由，激发受众的购买动机的表达方式。这需要创作者站在受众的角度来思考什么样的文案能够影响受众感知。例如图2-7，介绍了一款宠物包款式以及功能，这就给了宠物主一个很好的购买此款宠物包的理由。

（2）实力型。实力型文案是指直接以产品或服务的过硬功能、性能、质量等为主要表达重点，给受众留下一个"人无我有，人有我精"的印象，注重通过产品或服务的核心竞争力来体现竞争优势的表达方式。例如图2-8，每一瓶牛奶都有自己的二维码可以追溯源头，展现了该品牌牛奶过硬的产品实力。

图2-7 宠物包文案　　　　　图2-8 牛奶文案

（3）理想型。理想型文案是指通过塑造远大的目标，让受众与文案在价值层面产生共鸣的表达方式，比较适合具有一定品牌知名度的企业。比如奔驰汽车的文案"为路而生，道路就在脚下"，通过该广告语来展现该品牌汽车的专业性，获得受众的认可。

（4）暗示型。暗示型是指不直接说明自己的主题思想，而通过暗示的方式让受众领会文案的真实意图的表达方式。该表达方式适合以创意为主的文案，适用于体现企业理念、品牌精神等的文案，不适用于产品上新类、产品详情介绍类的文案。例如图2-9，为某品牌创意黄金藏品的文案，通过暗示的手法介绍了该商品的主旨为福气满满，适用于收藏和潮玩。

2. 找到合适的文案切入点

（1）消费者需求切入。行动基于需求产生，如果文案中的卖点能够贴合受众的需求，或者给受众带来某种需要的回报，就能够打动受众，使其产生相应的行为。例如，脑白金的广告语"今年过节不收礼，收礼只收脑白金"，就给了受众一个购买产品送礼的理由，即使不了解该产品的消费者，也可以在需要送礼时想到该品牌。

图 2-9　收藏金文案

（2）消费者痛点切入。痛点即消费者在生活中无法解决的需求点，或者让消费者感到苦恼与矛盾的事物，以及产品或者服务给消费者带来的不好体验，在生产一种产品或者提供一种服务时，需要考虑这项产品或服务可以解决消费者的哪些痛点与主要矛盾，可以给市场带来的价值是什么。图 2-10 就是针对消费者的痛点而设计的文案，智能指纹锁可以解决消费者生活中没带钥匙无法开门的问题，并且针对消费者害怕被暴力拆除而设计了附加功能，以及门锁没有电而设计的特殊功能，很好地解决了消费者的顾虑。

（3）热点话题切入。借助热点话题是电商文案写作常用的切入点。热点话题可以是社会事件发酵出的，也可以是新闻事件催生出的。热点话题往往是大多数人在一段时间内关注的焦点，一旦在网络中传播，读者在很短时间内就可能达到几百万、上千万。及时推出与热点话题相关的电商文案，短时间内就可以吸引关注热点事件的目标消费者。

（4）搭建场景切入。搭建场景是电商文案创作经常使用的切入点。搭建场景就是把体验场景描述出来，当消费者看到电商文案的时候，就会产生强烈的"代入感"，仿佛进入真实的生活场景，从而引发共鸣。搭建场景创作电商文案，一

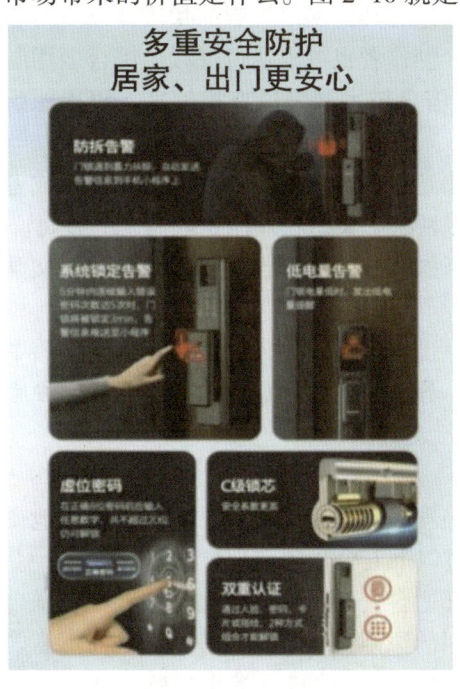

图 2-10　指纹锁文案

方面可以进行情境式的描述，让消费者处于电商文案所描述的情境中，产生对产品的联想和需求；另一方面，可以告诉消费者在什么情况下会用到该产品，以及使用该产品带来的效果，让消费者处于使用该产品之后的"未来场景"中，激发消费者的购买欲望。

三、搜集与整理素材

在完成了步骤一写作目标的确立及步骤二明确写作的主题之后，还需要找到文案所需要的素材。

1. 了解素材

（1）素材的分类。素材的种类丰富，不同种类的素材，特点和功能不同。素材按照表现形式通常可分为以下四种类型：

①文字类素材。文字类素材指文案写作时可供利用的各种文本，其中多为一些知识点、引用材料等，如产品属性信息、竞争对手的文案、产品相关的销售话术、广告内容企划等。文字类素材的内容广泛、题材不限，而且搜集保存和使用非常方便。

②图片类素材。图片类素材指创作者自己拍摄的图片、绘制的图片，以及来源于网络或编辑加工书籍、影视作品后制成的截图、拼图等。图片类素材可以丰富文案的表现形式，提升受众的阅读体验。

③音频类素材。音频类素材主要只是背景音乐或者创作者的录音。音频类素材既可以烘托气氛，又可以起到解释说明的作用，是比较常见的文案素材。音频类素材主要来自音乐或音频文件，也可以通过网络下载或自己录制。文案配合音频，有助于说明文案内容。

④视频类素材。视频类素材是一种较为生动形象的素材，可以直观地展示作者需要表达的内容。视频类素材多为截取自电影、电视剧、综艺和其他网络视频的片段，以及自制视频。在文案中添加视频可以增强文案的展示效果。创作者也可以通过视频的综合运用制作出视频文案。因此，创作者要善于通过各种现代信息技术和渠道查找信息，积累原始素材。

（2）素材的获取方式。素材的来源主要有两种渠道：外部渠道和内部渠道。内部或者外部是针对创作者而言的，创作者需要了解素材的多种来源渠道，才能获取需要的素材。

①外部渠道。如报纸、杂志、书籍门户网站、新媒体平台、广告牌、影视作品、文学作品等。

②内部渠道。主要指创作者自己拍摄、绘制（一般为创作者原创作品）。这些渠道中的素材可以通过复制与粘贴（文本或链接）、收藏、分享、下载、截图、拍照、录制视频等操作获取、保存。

2. 素材的整理

素材的搜集并不难，难的是如何科学、有效地整理和使用搜集的素材。为了高效地在自己的素材库搜索素材，一般而言，创作者可以通过以下五个步骤整理素材：

①有目的地筛选内容。搜集的素材并不一定全部适合文案写作，因此创作者应根据自己的现状和需要选择性地保存素材，遵循有用、易用的原则选取素材。若遇见目前不需要但很有价值的素材，要分析其是否有长久留存的价值、能否给自己带来灵感，从而做出取舍。

②学会收藏与做笔记。创作者发现写得好的推广或销售文案，或者可以提高自己文案写作水平的素材，应及时收藏。同时，如果一些句子或知识点给创作者带来了灵感、创

意，创作者也可以使用专门的笔记本、手机备忘等单独记录、整理。

③定期清理。素材积累是一个长期的过程，随着时间的推移，积累的素材会越来越多，因此，创作者需要定期清理过期、无用的内容，精简自己的素材库。

④更新素材的分类方式。在不同的阶段，文案写作所需要的素材可能不同，创作者需要不断更新文案素材的分类方式，以便查找。

⑤建立对素材的记忆。如果不能记住自己整理后的素材的位置与内容很可能会影响素材的实际运用。因此创作者在整理素材时应牢记自己的分类方式，记住不同类型的素材的存放位置。好记性不如烂笔头，创作者可以将素材的分类、储存路径记录下来，并标注其中的重点内容。

四、创立文案提纲

在做完以上工作后，对于如何写文案应该已经有了较为明确的想法，但还不需要急于开始写作，对于复杂的文案来说、还可以先利用 Word 文档或 Excel 表格制作一份文案提纲，以梳理文案写作思路，填充文案细节。提纲主要有以下两种创作方法：

1. 按模块建立提纲

提纲是对构思的呈现，主要围绕文案主题和构思进行。有的长文案需要展现许多卖点，按模块建立提纲可以降低创作者遗漏重要卖点的概率，尽可能呈现全面、丰富的文案内容。模块之间可以并列。

假设需要为某火锅店撰写推广文案，按内容分类建立提纲可参考表 2-4 所示的写法。

表 2-4 火锅店推广提纲

标题	内容分类提纲			
模块	要点	重点描述	配图	备注
探店情况	四川火锅新地标	川香麻辣，经典之作	火锅照片	商家提供
	产品、环境全新升级	全新菜品，体验感升级	新菜品图，火锅店环境图	商家提供
	大众点评、美团好评	连续两年蝉联热门榜	好评截图	己方采编
核心卖点	卖点1：口碑好		客户反馈	己方采编
	卖点2：独家火锅底料，经典四川风味		火锅底料特写	商家提供
	卖点3：食品新鲜安全		后厨照片，食材安全检验证明	商家提供
招牌菜	招牌麻辣锅、鸳鸯锅		锅底照片	商家提供
其他菜	红酒牛肉、麻辣肥牛		菜品照片	商家提供
甜品	冰粉		菜品照片	商家提供

续表

标题	内容分类提纲			
模块	要点	重点描述	配图	备注
环境氛围	个性潮玩设计		环境照片	商家提供
增值服务	停车业务、周末不歇业			商家提供、己方采编
店铺信息	店面、地址、电话、人均消费、营业时间			商家提供、己方采编
版权	四川仅有5家			商家提供
优惠	免费调料、团购套餐、代金券			使用条件说明

2. 按内容顺序建立提纲

按内容顺序建立提纲实则梳理了文案结构，后期写作的时候将更加方便，适用于有故事情节或发展顺序以及介绍顺序类的文案，逻辑性较强。

假如为某美妆品牌设计产品推广文案，其文案提纲可按表2-5进行设计。

表2-5 美妆品牌活动设计提纲

主题	让每一个女孩都发现自己的美丽	
创意	新品创意美妆有奖征集活动，在此过程中实现产品推广	
板块	内容设计	配图
开头	新品展示，说明活动内容	新品图片
第一部分	主推新品卖点介绍，主要为眼影以及腮红	产品图片
第二部分	第一名获奖者创意介绍以及妆面分析	得奖者作品图
第三部分	第二名获奖者创意介绍	得奖者作品图
第四部分	第三名获奖者创意介绍	得奖者作品图
第五部分	第四名获奖者创意介绍	得奖者作品图
第六部分	第五名获奖者创意介绍	得奖者作品图
结尾	总结收尾，优惠活动说明	奖品图以及规则介绍

项目二　电商文案构思与策划

任务实践

分析图片 2-11 "小红书高考文案"的创作过程

图 2-11　小红书高考文案

任务目的

本次任务旨在通过针对"小红书高考文案"进行分析，从而详细了解创作一个完整且优质的文案需要经历哪些步骤及创作流程，让学生对文案创作有一个整体的把握和了解。

任务背景

小红书和饿了么在高考前后合作推出的有关于高考志愿选择的文案。上面写道，"没有适合女生的专业，只有适合人生的专业"，很好地把握住了高考这个重要的时间节点，同时给予很多迷茫的考生一种有力的指引，尤其是那些因为性别而对专业选择犹豫不决的女生。该文案告诉女生需要打破刻板印象和性别偏见，勇敢选择自己喜爱的专业，体现了品牌的人文关怀，散发正能量的同时又很好地起到了品牌宣传的作用。该文案一经推出就收到了市场强烈的正反馈。

任务要求

请你参照本章节的内容梳理该文案的创作过程。
（1）分析该文案的写作目标。
（2）写出该文案的写作主题。
（3）搜集并整理和这篇文案有关的素材。

任务实施

（1）分析该文案的写作背景以及文案受众群体。

（2）找出该文案的主题表达方式以及场景，分析文案是从什么切入点进行创作的。

（3）找出该文案相关的可用素材并进行分类整理。

任务示例

（1）该文案的写作背景需要分析以下几项要素：

①描述主体：女性及高考志愿。

②写作目的：以改变受众态度为目的——为了宣传品牌以及树立品牌的核心价值观，加深目标受众"女性"对于小红书平台的认可度。

③发布平台：主要为小红书以及合作伙伴饿了么的条幅进行推广。

④写作类型：图片类、文字类。

⑤文案受众群体与竞争者：消费者类型主要是年轻女性，竞争者主要为其他社交平台。

（2）该文案的主题表达方式可以采取暗示型，并且从热点话题"高考"切入，以给受众带来良好的观感。

（3）该文案的素材可以使用内部渠道素材，原创为主，也可以在网络上搜索与高考志愿报名的有关素材作为积累并使用。

任务评价

根据以上任务实践的完成情况，填写任务评价表 2-6。

表 2-6　分析"小红书高考文案"创作过程任务评价

评价项目	评价内容	分数	评价说明	自我评价	小组评分	教师评分
任务实施（60分）	了解写作目标有哪些	20分	能够正确找到文案的写作目标			
	知道写作主题如何确立以及如何搜索相关素材	20分	能够准确找到文案的主题以及整理搜索相关素材			
	清楚如何搜集素材、整理素材	20分	能够准确使用积累的素材进行文案创作			
工作技能（20分）	完整列出文案提纲	20分	能够根据文案的创作过程列出提纲			
职业素养（20分）	逻辑清晰	10分	创作文案之前明确知道应该做什么			
	创新创意	10分	能够独树一帜，有自己的独特风格			
计分						
总分（按自我评价30%、小组评价30%、教师评价40%计算）						

项目二　电商文案构思与策划

自我检测

1. 简答题

（1）请列举出激发创意思维的方式，简要介绍它们分别是什么。

（2）列举出分析文案的写作背景需要分析的具体的几个要素。

（3）素材的定义是什么？素材的整理有哪些步骤？

（4）文案提纲的创作一共有哪些方式？

（5）文案写作时常用的切入点有哪些？

2. 根据要求完成指定任务

（1）请用九宫格思考法写出关于抽绳垃圾袋的创意并填写在以下方格中。

	抽绳垃圾袋	

（2）请用要点延伸法写出草莓酸奶的产品特点。

（3）假如你需要为某咖啡品牌圣诞系列新品（包括陶瓷马克杯、不锈钢吸管保温杯）写作新品推广文案，你会如何策划文案的内容？请列出你为了策划该文案做的所有准备工作，并写出该文案的提纲。

（4）请前往巨量算数网站，查询并分析"空气炸锅"的搜索热度和关联热词，以及关注该产品的人群的地区、年龄、性别分布情况。

（5）现有一款儿童手表（见图2-12），价格为599元，配有高清彩屏，功能包括实时视频通话、实时微聊、智能定位、深度防水、接收短信、移动支付，支持超长续航。此外，手表还获得了多项权威认证，全国售后网点多达2 000多个。请分析其目标消费群体画像、购买动机、购买心理，以情理结合的方式创作电商文案。

图2-12　儿童手表产品

3. 综合实训：为儿童拍立得相机（如图 2-13 所示）策划文案

图 2-13　儿童拍立得相机产品

[实训背景]

儿童拍立得客户评价如图 2-14 所示。

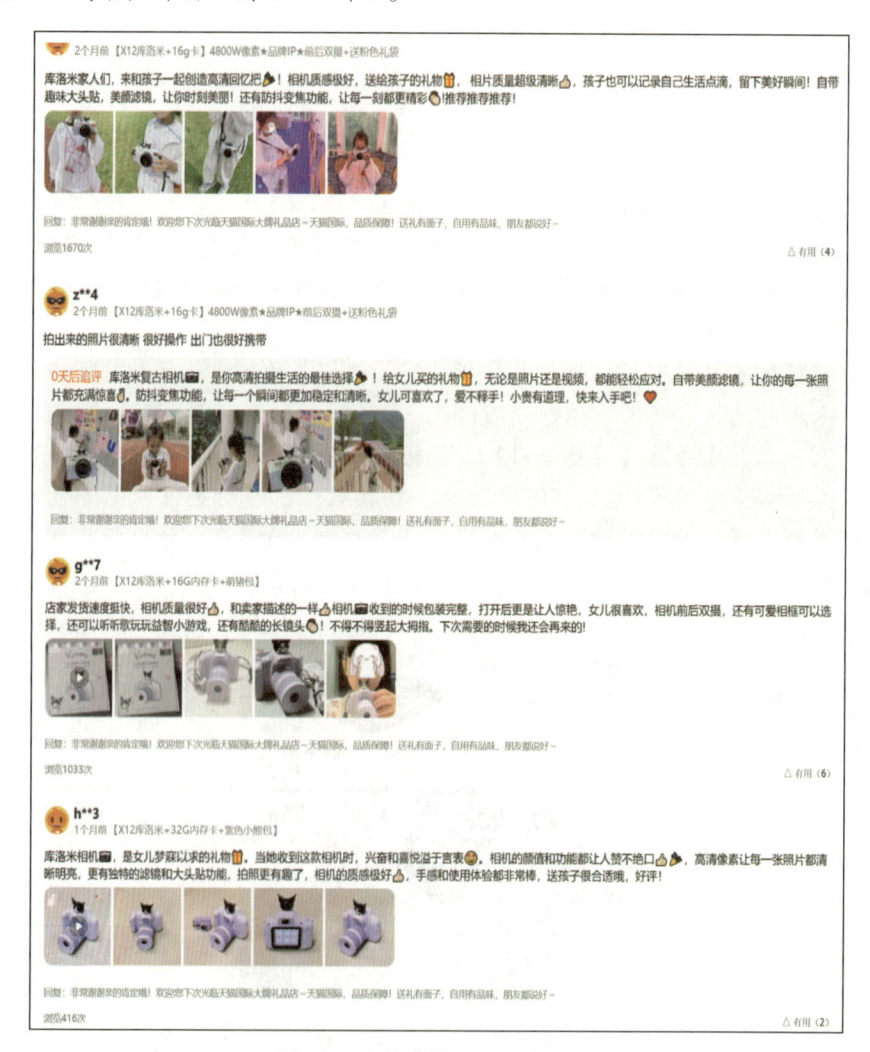

图 2-14　儿童拍立得客户评价

项目二 电商文案构思与策划

[实训要求]

（1）为这款产品定位目标消费群体。

（2）确定该产品文案的主题和诉求方式，并列出文案提纲。

[提示]

请用五步创意法总结出该儿童拍立得相机的主要优势及宣传点。

项目小结

通过本项目的学习之后，我们了解到想要创作出优秀的电商文案需要分为以下几个步骤：首先需要构思策划好文案的框架并确定写作方式。其次，优秀的创意方案也是打动吸引消费者的重要因素之一。优秀的电商文案不一定要靠华丽的辞藻、对仗工整的句子来吸引消费者的注意力，而是需要写出洞察消费者心理诉求的内容。这就需要文案创作者对消费者进行分析，明确："创作的电商文案给谁看？""消费者想看到什么？""消费者喜欢什么样的电商文案？"这样才能创作出真正打动消费者的文案。最后，写作电商文案需要展现产品卖点，如产品质量、设计、包装的优点等。

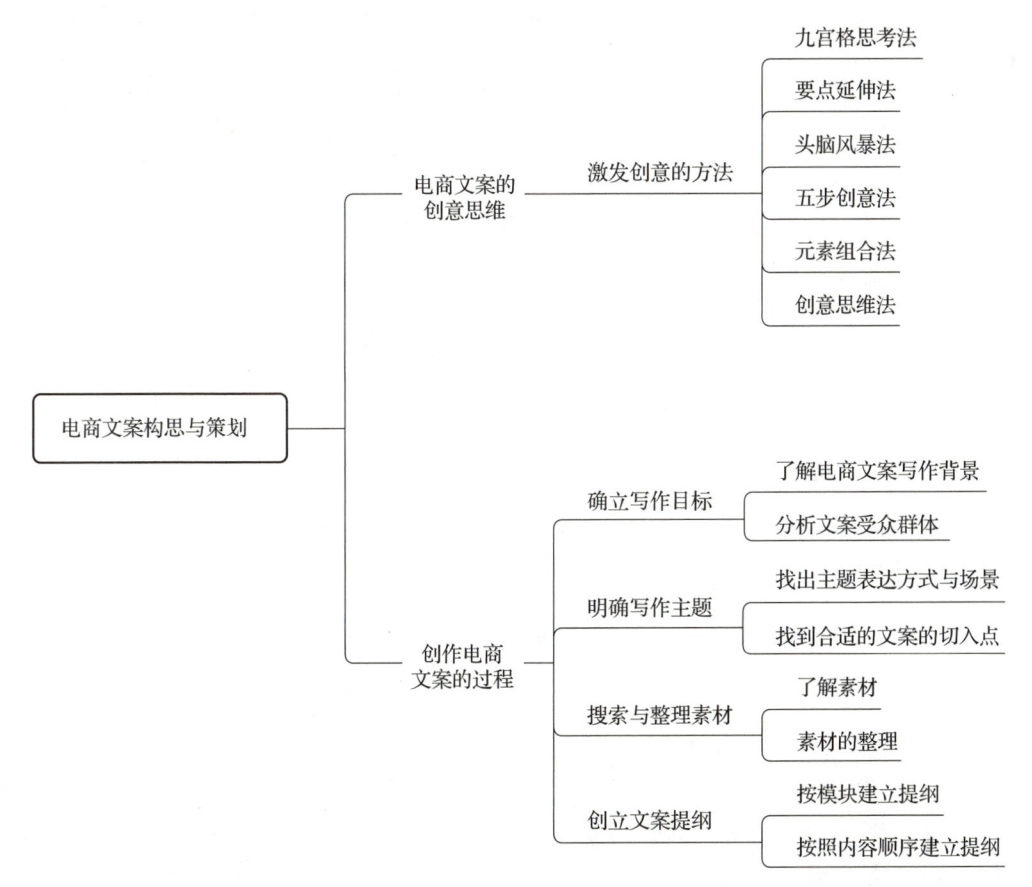

```
电商文案构思与策划
├── 电商文案的创意思维
│   └── 激发创意的方法
│       ├── 九宫格思考法
│       ├── 要点延伸法
│       ├── 头脑风暴法
│       ├── 五步创意法
│       ├── 元素组合法
│       └── 创意思维法
└── 创作电商文案的过程
    ├── 确立写作目标
    │   ├── 了解电商文案写作背景
    │   └── 分析文案受众群体
    ├── 明确写作主题
    │   ├── 找出主题表达方式与场景
    │   └── 找到合适的文案的切入点
    ├── 搜索与整理素材
    │   ├── 了解素材
    │   └── 素材的整理
    └── 创立文案提纲
        ├── 按模块建立提纲
        └── 按照内容顺序建立提纲
```

项目三

电商文案标题写作技巧

【项目导入】

一家数码产品网店的店长李某决定在网上分享实用的数码产品操作技巧，并植入有关网店及产品营销信息的电商文案。虽然李某发布的电商文案质量都很高，但是阅读量却很低。经了解，问题就出在李某文案的标题上。

如李某最近两篇电商文案的标题分别为：

"手机截图的快捷方法""深度清理手机垃圾的方法"

李某在多次学习后，对文案标题进行了优化，将标题改为：

"还在找截图的入口？教你5个手机截图的快捷方法"

"手机卡顿？内存不足，天天删文件？六大妙招助你深度清理手机垃圾"

果然，优化标题后的文案阅读量明显有了提升，还带动了网店产品的销售。

那么如何创作出一个有吸引力的电商文案标题呢？本项目将介绍电商文案标题的常见类型和创作技巧，以及创作电商文案标题的注意事项，以帮助电商文案创作者快速、准确、有效地撰写电商文案标题。

【知识目标】

1. 熟悉电商文案标题的常见类型。
2. 了解创作电商文案的注意事项。
3. 掌握电商文案标题的创作技巧。

【技能目标】

1. 具备电商文案标题的分析能力。
2. 能够创作有吸引力的电商文案标题。

【素养目标】

要有创新意识，能够在创作中提出自己的想法。

项目三　电商文案标题写作技巧

任务一　了解电商文案标题的常见类型

任务导入

很多文案创作者都有这样的困惑，自己费尽心思写出了一篇内容超棒的文案，但阅读和传播量却少得可怜。大家是不是也有同样的困惑呢？文案内容超好，为什么不能吸引到买家注意呢？

下面先看下表中的例子。

标题对比：

序号	标题一	标题二
1	文案写作方法	月薪3 000元和月薪30 000元的文案写作区别
2	加多宝的营销策略	营销策略：加多宝从1亿元到200亿元

对比一下标题1和标题2，大家是不是明白了什么呢？没错，问题就出在标题上！所以，标题不吸引人，即使文案正文写得再好，买家不去看，一切都毫无意义。

因此，创作电商文案需要拟定一个具有吸引力的标题。本任务通过多个案例讲解常见的文案标题的类型。

知识预备

在写标题前，文案创作者需要先了解常见的电商文案标题类型，并从中选择合适的标题类型。电商文案标题的常见类型包括直言式标题、提问式标题、新闻式标题、话题式标题、危机式标题、悬念式标题、对比式标题、见证式标题、盘点式标题等。

一、直言式标题

直言式标题是直接点明宣传意图的标题，也是目前采用较多的一种电商文案标题类型，其特点是直观明了、开门见山，通过简明扼要的说明使消费者对商品或品牌特点一目了然，让消费者看到标题就能明白电商文案所要表达的意图，让受众一看标题就知道文章的主题是什么。

这种标题简单明了，直接传递商品的信息，让用户快速了解到产品的特点和优势。在拟定这类标题时，可以适当添加新颖独特的词语加以修饰，以吸引消费者的注意。比如：

"成为听书VIP会员，海量好书任意听"

"儿童节，限时半价等你来抢"

"'双 11'满 300 元减 200 元！错过等一年"

如图 3-1 所示的标题就是直言式标题。某女装网店在夏季连衣裙上新时，用这样一个标题直截了当地说明这款商品是适合买来送给爱美的妈妈的。

图 3-1 直言式标题

二、提问式标题

提问式标题是另一种常见的类型，它通过提出问题来引起消费者的关注，从而促使消费者产生阅读兴趣，启发消费者思考或探究问题的答案。

这种标题要利用消费者确实存在某一方面疑问的心理与试图解决这一问题的好奇心，通过疑问句式抛出问题，并在文中给出解决方案。消费者看到这个问题时，往往会因为这个问题的确是自己生活中的痛点，也会反问自己，为什么会这样呢？于是他们会带着好奇心阅读文案，如果其他条件合适，完成购买行为的概率将大大提升。

提问式标题可以是反问、设问，也可以是疑问，甚至还可以用明知故问的方式来表述电商文案的主题。例如：

"你的皮肤干燥脱皮？试试这款天然护肤品，让你的皮肤水嫩有光泽"

"夏天来了，怎样帮宝宝无毒防蚊？"

图 3-2 所示的标题也是这种标题，它通过提出用户的问题并给出解决方案，引起用户的共鸣。

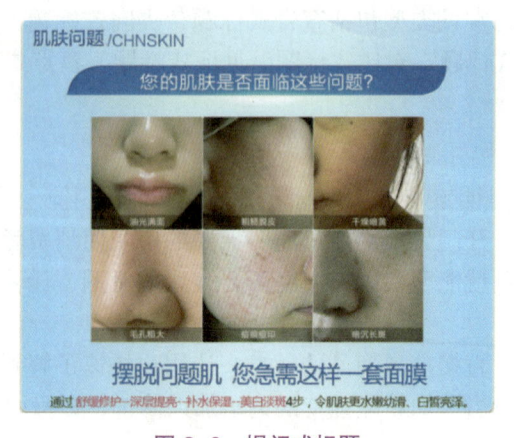

图 3-2 提问式标题

项目三　电商文案标题写作技巧

之所以提问式文案标题常常能产生令受众欲罢不能的效果，主要是基于人们这样的心理：当被询问时，就会不由自主地思索答案。

三、新闻式标题

新闻式标题是以新闻语言表达新产品或项目的标题类型。这类标题会如实报告最近发生的某些事实，多用于介绍新产品上市、企业新措施等，比较正式且具有权威性。目的在于引起消费者的注意，从而继续阅读文案内容，从本质上来讲与直言式标题大致相同。如图3-3所示，"双面艺术 小米电视 2019 春季新品发布会"就是常见的新闻式标题。

图 3-3　新闻式标题

四、话题式标题

话题式标题中包含热点话题，能够吸引消费者参与讨论和分享。例如，"啤酒和炸鸡""友谊的小船说翻就翻""太阳的后裔""世界杯"等话题出现时，曾一度引起网友的热烈追捧和讨论，这些话题的关键词也频繁地出现在餐饮、娱乐和房地产等领域的广告宣传中，与此相关的文章也充斥微博、微信等平台，引起大量消费者的转发和分享。如图3-4所示为淘宝手机商城在2018年世界杯期间推出的宣传海报，通过"每日秒读世界杯"总结世界杯昨日比赛的亮点，同时吸引了大量消费者讨论，使电商文案在社交媒体中进一步传播，扩大了其营销活动的影响力。

图 3-4　话题式标题

五、危机式标题

危机式标题是通过制造危机感来吸引消费者关注的标题类型。危机式标题可以使用夸张手法，但不能扭曲事实，要在陈述某一事实的基础上，引导消费者意识到从前的认识是错误的，或使用警告的手法令其产生一种危机感。如图3-5所示。

图3-5 危机式标题

六、对比式标题

对比式标题通过与同类产品进行对比来突出自己产品的特点和优势，加深消费者对本产品的认知。其核心是两个产品就某一标准进行比较，得出明确的结论。需要注意的是，使用对比式标题，一定要符合事实，不可虚构事实或贬低其他产品，如图3-6所示。

某淘宝店铺主营各类滑板，其文案标题"滑板还是选非常的好！"

图3-6 对比式标题

项目三　电商文案标题写作技巧

七、悬念式标题

悬念式标题通过设置悬念，利用消费者的好奇心来引发其对电商文案的阅读兴趣，这类标题通常出现在产品或品牌推广的电商文案中。大家应该都看过悬念剧，好剧一幕幕拉开，最后才揭晓谜底。悬念式文案同样如此，信息并不是一次而是通过系列的形式分步展现在受众面前，先通过设置悬念激发起消费者的关注，随后解疑，通过前后反差给人留下深刻印象。悬念式标题如图 3-7 所示。

荣耀新品手机的推广文案，提出一系列手机经常出现的问题

图 3-7　悬念式标题

使用悬念式标题需要注意：设置的悬念应该浅显易懂，不能故弄玄虚。

八、见证式标题

见证式标题是推销产品或服务非常有效的标题类型，它对于原本就对同类产品或服务有需求的消费者特别有吸引力。当消费者看过电商文案内容后往往会产生两种情感：一种是消费者渴望使用产品后能达到文案所描述的效果，用于引导消费者做出购买决策；另一种则是消费者对产品能否达到文案所描述的效果的怀疑与担忧，用于阻止消费者做出购买决策。那么，可以采用见证式标题来解除消费者的怀疑和担忧，让消费者产生购买行为。如图 3-8 所示。

图 3-8　见证式标题

新媒体文案写作

九、盘点式标题

盘点式标题通常用于技巧或经验分享的总结，因为消费者觉得可以从作者的经验中快速地获取一些有用的信息或技能，所以容易受到消费者青睐。如秋叶PPT微信公众号的文案就常采用盘点式标题，如图3-9所示。

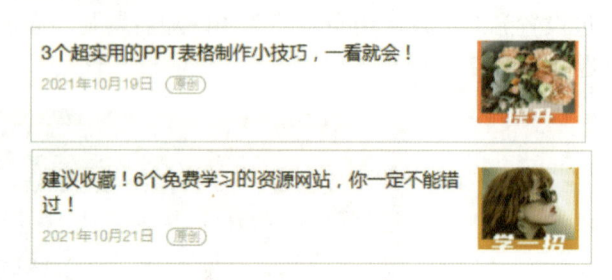

3个超实用的PPT表格制作小技巧，一看就会！
2021年10月19日 置顶

建议收藏！6个免费学习的资源网站，你一定不能错过！
2021年10月21日 置顶

图3-9 盘点式标题

任务实践

区分电商文案标题类型

任务目的

本次任务旨在通过深入分析研究各种电商文案标题的特点，准确区分电商文案标题类型。

任务背景

搜集积累了不少优秀的文案标题，各种类型都有，包括直言式、提问式、新闻式、话题式等。打算在学习电商文案标题类型的基础上，按文案的标题类型整理。

任务要求

通过搜索引擎搜索优质电商文案标题，理解并掌握各种文案标题特点。

任务实施

设计一表格，把标题依次放入对应的标题类型中。

任务举例：

序号	标题	标题类型	备注
1	"真丝上衣打7折"	直言式标题	
2	"为什么孩子越大越不愿意和你交流？99%的家长都不知道"	提问式标题	
3	你看得见这些室内污染吗？	危机式标题	
…			

项目三　电商文案标题写作技巧

任务评价

根据以上任务实践的完成情况，填写任务评价表3-1。

表3-1　文案标题分类任务评价

评价项目	评价内容	分数	自我评价	小组评价	教师评价
任务过程（60分）	是否能够正确辨别该电商文案的标题类型	20分			
	是否能够积极参与课堂讨论	20分			
	是否能够列举该文案标题的特点	20分			
任务结果（20分）	是否能够归纳总结电商文案标题的作用	20分			
素养目标（20分）	团队协作、沟通表达	20分			
计分					
总分（按自我评价30%、小组评价30%、教师评价40%计算）					

任务二　电商文案标题的创作技巧

任务导入

企划部召开例会，总结工作情况。部门负责人指出最近文案阅读量和转化率有所下降，并表示接下来将提高文案审核标准。小李是新员工，工作经验缺乏，创作的新媒体文案标题缺乏创意，为此，小李准备向老张请教。

小李："老张，怎么才能写出优秀的文案标题呢？"

老张："你可以多看看优秀的文案标题，分析这些标题的写法并模仿写作。"

小李："原来如此，谢谢老张。"

老张："不用谢。对了，撰写文案标题有许多窍门，创作文案标题也有一定的原则。我认为这些知识可以让你的文案标题增色不少。"

电商文案标题主要是为了吸引消费者，激发消费者阅读文案具体内容的兴趣。电商文案创作者应当如何写好电商文案标题呢？下面介绍电商文案标题的创作技巧。

43

知识预备

一、好文案标题的特点

好的文案标题，具有三"力"的特点，即有吸引力、引导力、表达力。

1. 吸引力

标题需要吸引眼球，当你的标题与其他作者的标题同时出现在微博或微信订阅号时，要能够引起读者的关注。

2. 引导力

好的标题不只是吸引网友的注意力，还要能引导网友点击标题，浏览正文。

3. 表达力

好的标题，即使网友没有点击进入，也能快速感知到你要表达的信息。如通过"2016年最后一场线上分享，秋叶大叔在知乎 Live 等你"这一标题，你可以得到以下四点信息：秋叶大叔要分享、分享形式是线上、分享平台在知乎 Live、活动结束后今年不再分享。

二、创作文案标题的四个原则

为确保标题的写作方向准确，在创作标题时，新媒体文案创作者需要注意以下四个原则：

1. 关键词组合

为了充分利用各个传播平台的长期搜索流量，电商文案创作者必须对文案标题进行关键词设置。关键词分网络热门关键词和与推广内容相关的关键词。网络热门关键词是指当前用户所关注的热点话题或热门事件衍生出来的关键词；与推广内容相关的关键词是指推广品牌的名称或能表达产品卖点的关键词，又或是能体现文案主题的关键词。

2. 抓住注意力

标题存在的首要任务就是引起用户的注意，吸引用户打开文案并阅读第一句话。这就要求标题从目标用户的角度出发，围绕目标用户的关注点去撰写，以抓住用户的注意力。

3. 内容紧扣主题

文案标题应该让目标用户觉得内容与他有关，因此新媒体文案创作者在撰写文案标题前，首先要明确文案是要对谁说、说什么以及想要达到什么样的营销目标。针对不同的目标用户，选择不同的文案主题及突出不同的核心卖点。在信息超载的媒体环境中，用户的注意力被大量分散，电商文案创作者只有用精练的语言清晰地表达重点才能抓住用户的眼球。

4. 表达有创意

好的文案标题的创作方法会被很快借鉴和大量复制，久而久之，这样的文案标题对用户就失去了吸引力。如今，用户面临着越来越庞大的信息量，而用户的注意力是有限的，即使是经典的文案标题，也会因出现频率太高而给用户带来审美疲劳。电商文案创作者要始终致力于在文案中融入新的创意，或生动有趣，或展示冲突，或提供新知，让用户对文案产生强烈的好奇心。

三、文案标题的创作技巧

1. 灵活运用数据

通过数据不但能很快地在消费者面前建立可信度，迅速准确地抓住用户的注意力，而且能让人觉得信息量大。在拟定的标题中加入具象化的数据可以给读者更直观、更量化的感受，能激发人们打开文章获取有价值东西的欲望。

2. 突出用户利益

文案标题给消费者明确的利益承诺，告诉消费者使用该产品的结果及其产生的实际效益，从而吸引消费者的关注。例如，某丝袜产品的电商文案标题"您见过可以装菠萝的丝袜吗？防勾丝/防脱丝水晶袜就是这么任性！"，明确告诉消费者丝袜的质量较好，耐磨耐穿，如图 3-10 所示。

3. 标题中包含产品卖点

在电商文案标题中强调产品的核心卖点，能够给消费者留下深刻的印象，从而引导消费者查看电商文案的详细内容，并关注该产品。例如：海飞丝洗发水的电商文案标题中通常有"去屑"核心卖点，立白洗衣液的电商文案标题中通常有"不伤手"核心卖点等。

4. 锁定精准目标人群

一篇电商文案很难满足所有目标消费者的需要，因此在写作标题时，可以先选出合适的消费者，排除不属于潜在消费者的用户。如图 3-11 某抱托产品的文案标题"新生儿专属横抱 妈妈更轻松"，将目标消费者锁定到新妈妈群体。

图 3-10 突出用户利益的标题　　图 3-11 锁定精准目标人群的标题（一）

又比如："双星八超鞋"——为老年人定制的功能鞋，更是明确锁定了目标人群。中国目前拥有超过 2 亿的老年人口，按春夏秋冬四季四双健步鞋计算，每年市场需求超过 8 亿双，市场空间足够庞大，是值得深挖的蓝海产业。双星推出的一款专为老年人打造的功能鞋——"双星八超鞋"就受到了市场的欢迎。如图 3-12 所示，在其推广文案中，以醒目的"'双星八超鞋'八大标准打造老人鞋"的文案标题来快速吸引其老年人目标消费群体。此标题对消费者的吸引力很大,调动起消费者想了解具体的"八大标准"的欲望,而"双星八超鞋"所提供的这些标准恰好符合了老年人对鞋的需求。因此,双星八超鞋受到了很多老年人的喜爱。

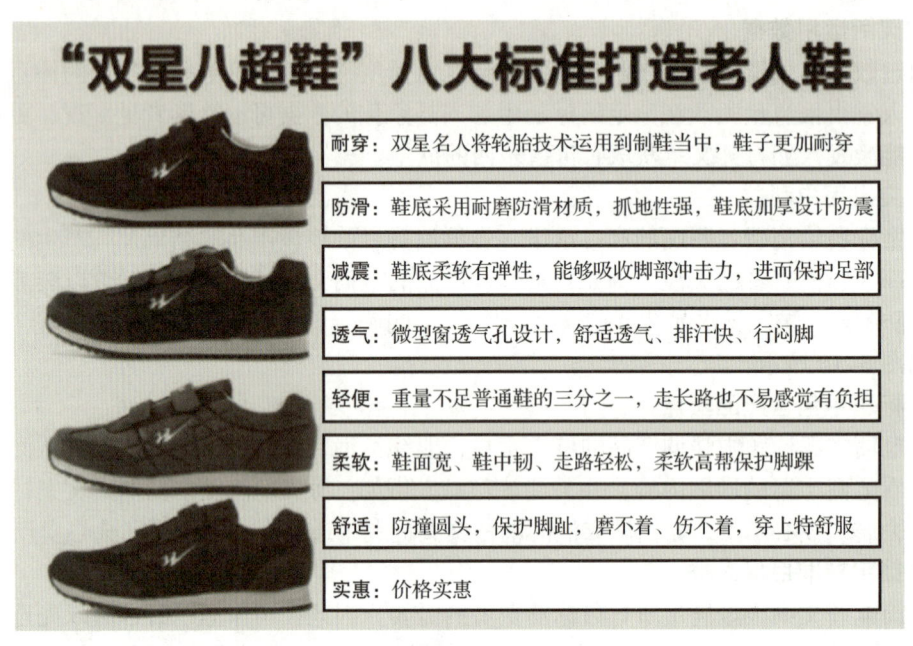

图 3-12　锁定目标消费者的标题(二)

5. 使用网络流行语

网络流行语指在网络上经常出现且使用频率较高的语言或语言类型,大多是由某些社会热点话题或热门事件形成,同时在网友的关注下快速传播,吸引了大量消费者对网络流行语的关注。如果将网络流行语巧妙地与产品或品牌结合,并应用到电商文案标题中,自然就能引起消费者的关注。如图 3-13 所示的产品文案将网络流行语"神补刀"用于标题中,用"从来没有神补刀"来形容刀具的锋利。

6. 借力借势

名人自带流量,加入名人的标题都会获得好的点击。如图 3-14 所示,某手机品牌在里约奥运会男子 200 米自由泳决赛,游泳运动员孙杨夺冠后发布的宣传海报,其标题为"'杨'光总在风雨后"。也可借助最新的热门事件、新闻,以此为文案标题创作源头,通过大众对社会热点的关注,来引导消费者对文章的关注,提高文章的点击率和转载率,如世界杯、奥运会、热播电视剧和时事热点等。如苏宁易购借助 Phone7 新品发布会制作的推广海报文案,通过主标题"如 7 而至",副标题"倒计时 01 天",将宣传信息与 iPhone7 联系起来,再以"买手机上苏宁易购"文案突出主题,很好地体现了借势文案的写法。

项目三　电商文案标题写作技巧

图 3-13　使用网络流行语标题

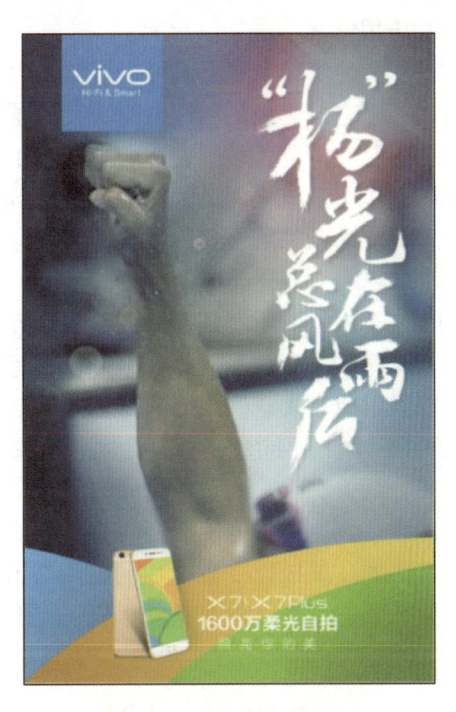

图 3-14　借力借势标题

7. 塑造产生共鸣的场景

消费者在购物时追求个性、强调自我，其选择产品或品牌的准则不是"合适"或"不合适"，而更为注重产品的使用体验和感受，追求产品或服务与情感体验的一致性。在电商文案标题中塑造场景能快速传达出品牌定位或产品价值，并且能唤起消费者内心的场景联想，打动消费者的心。如图 3-15 所示，有道翻译官这组电商文案的标题塑造了因不懂外语而四处碰壁的场景，使有过类以经历的人群产生共鸣，于是"有道翻译官 107 种语言的随身翻译"便自然而然成了消费者解决不懂外语的不二之选，在轻松有趣的氛围内便将产品的卖点介绍给了消费者。

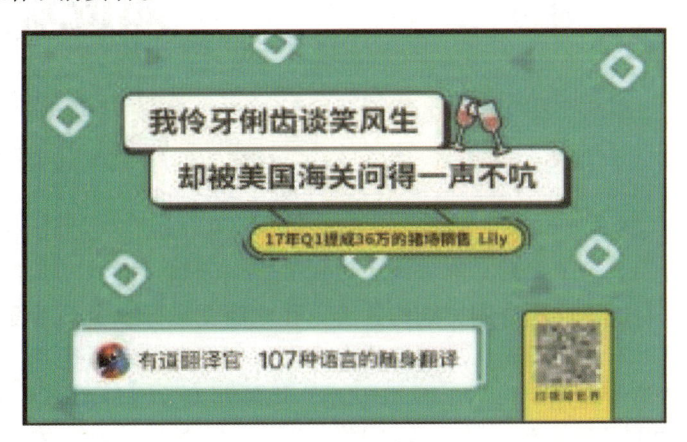

图 3-15　塑造场景标题

47

8. 巧用修辞手法

以下 7 种修辞手法不仅可以增加标题的吸引力和趣味性，还可以增强标题的创意性。

（1）比喻。比喻是创作电商文案标题常用的修辞手法，除了增加了语言的生动性和形象性，还可使消费者对所表达的事物产生深刻的印象。将该修辞手法灵活地运用到电商文案标题创作中，或化深奥为浅显，或化抽象为具体，或化冗长为简洁，能够帮助消费者更好地理解产品或品牌的特性。例如，某培训机构的电商文案标题"3 种方法，让英语学习变得和'呼吸'一样简单"。

（2）引用。引用就是把诗词歌曲、名言警句、成语典故、俗语方言等引入标题中，提升电商文案的文化底蕴，给读者不同的感受。使用引用修辞手法时，可以直接引用原句，也可以引用原文大意，改编为自己的话语。例如，某视频网站的电商文案标题"第一视频叫板央视：同根不同命，相煎已太急"灵活融入了经典诗句。

（3）双关。双关就是利用词的多义及同音（或音近）的条件，使语句有双重意义，言在此而意在彼。双关可使语言表达更含蓄、幽默，而且能加深语意，给消费者留下深刻的印象。例如，某极速变色镜片的电商文案标题"有膜有样 能颜善变"，某针织帽产品的电商文案标题"请原谅我 如此帽美"，如图 3-16 所示。

图 3-16 利用双关修辞手法标题

（4）设问。设问是为了强调某部分内容故意先提出问题，再自己回答。其作用是引人注意，启发思考，有助于层次分明，结构紧凑。在电商文案标题中采用设问修辞手法，可以加强产品的利益诉求，而明确产品利益诉求则可以很好地打动消费者，如某焖烧壶产品的电商文案标题"郊游在外大包小包不胜其烦？ 你的便携式野餐拍档"，就运用了设问修饰手法，如图 3-17 所示。

图 3-17 利用设问修辞手法标题

（5）对偶。对偶是用字数相等、结构相同、意义对称的一对短语或句子来表达两个相对或相近意思的修辞手法。采用对偶修辞手法的电商文案标题，语句对仗工整、凝练概括、结构对称，富有表现力，能够鲜明地表现相关事物之间的关系。此外，这类电商文案标题音韵和谐，朗朗上口，便于传诵记忆。

（6）拟人。拟人就是把事物人格化，赋予事物以人的言行或思想感情，简单地说就是用描写人的词来描写事物。采用拟人修辞手法写作电商文案标题，使产品人格化，不仅让产品形象更生动，帮助消费者了解产品，还促进了品牌和消费者的沟通，提高了消费者的品牌忠诚度，如图 3-18 所示。

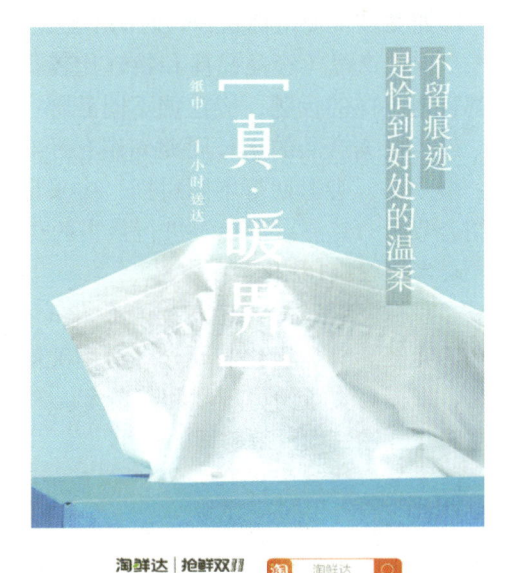

图 3-18 利用拟人修辞手法标题

上述电商文案的标题都使用了拟人修辞手法。标题从产品的外形、功能出发，根据产品的不同特点贴上拟人化的标签，将其比拟成当下具有鲜明特征的各类人群，并附上一句短文案，对产品的特点进行个性化诠释，仿佛每一类产品都在为"自己"代言。

（7）夸张。夸张是为了达到某种表达效果，对事物的形象、特征、作用程度等方面特意扩大或缩小的修辞手法。采用夸张修辞手法写作电商文案标题时，通常以挑战常识或制造冲突的方式来实现，同时还采用夸张的口吻进行陈诉，尽力表现出惊讶的情绪，渲染出意料之外、新奇、独特的氛围，既能增加语言的生动性，又能突出事物的本质和特征，激发消费者的好奇心。例如，如某家电卖场的电商文案标题"上万市民'夜袭'××家电卖场"。

四、创作电商文案标题的注意事项

1. 远离标题党

采取夸大其词的手法来写作标题，其标题描述严重偏离事实，或者标题与内容完全无关或关系不大。企图通过这类标题第一眼吸引消费者阅读文案内容，这种方法是不可取的，当消费者发现"上当受骗"后，就会直接避开这类文案，也不会购买产品。所以，通过夸大其词的标题提升点击量和阅读量是得不偿失的做法，不仅伤害目标消费者的感情，也会严重影响品牌和企业在消费者心中建立的形象。

2. 标题应主题鲜明，简单易懂

在写作标题时应避免使用晦涩难懂的生僻词汇，要让消费者能理解标题。标题必须结合文案主题且要鲜明，不能与内容毫无关系或者让目标受众看了半天不知道主题是什么。

3. 避免重复使用标题和长时间不更新标题

当同质产品（产品品质和特性比较类似的产品）较多时，尽量不要对所有的产品文案都使用一样的标题，应挖掘不同品牌产品的特点，创作出具有独特个性的电商文案标题。应当根据产品的生长周期创作有针对性的电商文案标题，如产品处于发布期、成长期、爆款期、衰退期等不同时期，应采用不同的电商文案标题。此外，电商文案标题还可结合节日、热点、促销等进行适当的更新。

4. 考虑 SEO 优化

在写标题时，需要考虑 SEO 优化（搜索引擎优化），以提高文章在搜索引擎中的排名和曝光度。SEO 优化需要合理运用关键词和标签，让标题更加符合搜索引擎的规则和算法，以提高文章的可见度和点击率。

5. 注意违禁词、敏感词的使用

由于《广告法》的规定及电商平台的审查过滤功能，标题中一旦含有"高仿""抢爆""最高级""绝无仅有""山寨"等违禁词、敏感词，平台就会将整个标题过滤，消费者就无法搜索到相应的文案。撰写电商文案标题时，还需要注意以下事项：

（1）标题不是概括全文，而是文章的精华所在，起到吸引消费者的作用。
（2）消费者通常会筛选掉那些与自己不相关，或同质化的标题。
（3）标题应避免出现错别字。
（4）标题中如果有数字，应用阿拉伯数字，如"一"，要换成"1"。
（5）标题最好不要重复出现同一个字、词。
（6）标题不能伤害到消费者。

（7）借热点撰写的标题，应该注意热点的时效性。
（8）标题中不要过多地插入虚词
（9）标题关键词不要涉及过多领域。

任务实践

为某航拍飞行器的详情页文案编写标题

任务目的

本次任务旨在通过针对某航拍飞行器的详情页文案编写标题，通过深入分析研究、创意表达，让学生了解标题创作的重要性，提升学生文案标题创作技巧。

任务背景

云帆 A14+ 是市面上新上市的大众级航拍飞行器，它能让每个人都享受到航拍的乐趣，让你"飞"得更高，"看"得更远。

（1）易操作。飞行器搭载 1 400 万像素摄像头，配合智能手机 App，空中拍照录像都不在话下。

（2）自动化。有成熟稳定的飞行控制系统，能实现自主悬停、自动返航等功能。

任务要求

训练撰写标题的能力，熟练掌握不同标题的写法。

任务实施

文案的开头首先开门见山地展示了产品名称、型号（云帆 A14+）和类型（航拍飞行器），消除了消费者的疑惑，然后用"新上市"和"大众级"这两个专业性关键词，确立了产品的特征符号；最后利用"让你'飞'得更高，'看'得更远"这种诱惑性的短句，进一步吸引消费者的注意力，使其继续阅读文案正文内容。

从文案内容可以看出，利用"照相机"这样一个大众已经熟知的物品作为文案描写对象，如果同时加上定语"会飞的"，会让用户在脑海中对其两个重要功能形成印象，知道这个产品可以拍出不同寻常的鸟瞰照片。

文案标题示例：

文案标题为"会飞的照相机"。这则文案的标题通过设置悬念，成功吸引了消费者的注意力，打破了消费者照相机是不能飞的固有思维，把思维引向什么样的照相机才能飞，从而为文案的内容设置了悬念，给消费者带去进一步探索的兴趣。

任务评价

根据以上任务实践的完成情况，填写任务评价表 3-2。

表 3-2　某航拍飞行器的详情页文案编写标题写作任务评价

评价项目	评价内容	分数	评价说明	自我评价	小组评价	教师评价
任务实施（60分）	文案标题写作技巧	30分	能够根据产品特性，运用恰当文案标题写作技巧，并设计吸引消费者的标题			
	文案标题的吸引力	30分	能够根据产品特性，运用合适的方式			
工作技能（20分）	挖掘产品信息和卖点	10分	能够根据所展示的文字描述，挖掘产品的卖点			
	文案运营情况	10分	能够获取一定的评论、点赞和转发量			
职业素养（20分）	认真严谨	10分	认真查找资料，充分运用信息进行决策，优化决策			
	沟通表达	5分	主动提出问题，快捷有效地明确任务需求			
	团队合作	5分	快速地协助相关同学进行工作			
		计分				
总分（按自我评价30%、小组评价30%、教师评价40%计算）						

自我检测

（1）请列举几个常见的电商文案标题的案例。

（2）搜索当前热点话题，并选择一件商品（如空调、空气净化器等），运用借势的方法为该商品撰写文案标题。

（3）请根据以下产品说明撰写一个合适的电商文案标题：

现有一款固定式灯具产品，请根据该灯具产品的特点撰写其电商文案标题。该灯具产品的特点如下：

• 长方形固定式，全封闭设计，防尘防蚊。

• 边框采用优质铁艺材质，表面多层高温烤漆，防腐防锈防刮花，有2种边框颜色（白色和黑色），照明范围为15m²~30m²，可安装在客厅、卧室和书房，厚度5cm，有效减少灯具带来的压迫感。

• 灯具外观大气，时尚简约，可搭配多种家居设计风格。

• 采用透镜LED光源，解决直视刺眼的问题，拥有三色变光，可以通过开关来切换白色、中性（自然色）和暖白3种颜色。

项目三　电商文案标题写作技巧

●配置红外线遥控器，信号灵敏，解决下床关灯的烦恼，可实现三色变光切换，小夜灯明暗切换。

项目小结

标题是电商文案的灵魂。如果一则好文案满分是 10 分的话，那么好的标题起码可以值 7 分。一个好的标题，买家可以瞬间被吸引，勾出他们的好奇心和阅读的欲望。

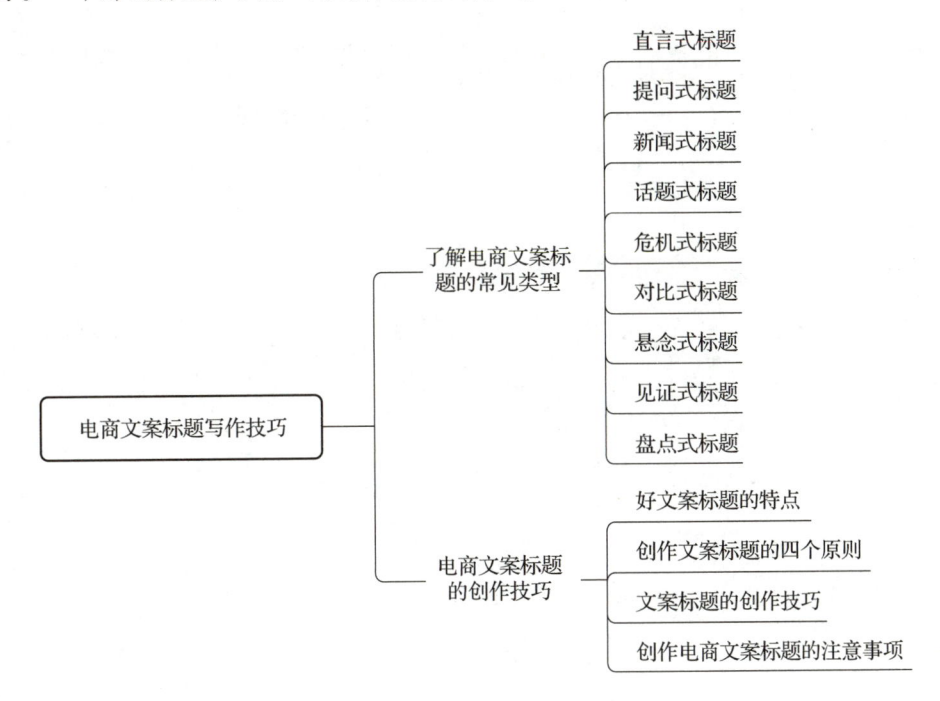

```
电商文案标题写作技巧
├── 了解电商文案标题的常见类型
│   ├── 直言式标题
│   ├── 提问式标题
│   ├── 新闻式标题
│   ├── 话题式标题
│   ├── 危机式标题
│   ├── 对比式标题
│   ├── 悬念式标题
│   ├── 见证式标题
│   └── 盘点式标题
└── 电商文案标题的创作技巧
    ├── 好文案标题的特点
    ├── 创作文案标题的四个原则
    ├── 文案标题的创作技巧
    └── 创作电商文案标题的注意事项
```

项目四

电商文案正文写作

【项目导入】

在拿到一篇电商文案时，受众一般会按照标题、开头、正文和结尾的顺序进行阅读，文案也常以此结构来进行设计。用标题来激起受众的点击欲，用开头和正文来降低受众的跳出率，用结尾来引导受众采取相应的行动，层层相扣，使受众对产品或品牌产生好感，进而产生购买行为。电商文案人员要想写出一篇吸引力强、转化率高的电商文案，就需要从标题、正文等方面展开文案的具体写作。本项目将对文案正文的写作技巧进行阐述，帮助电商文案人员通过撰写电商文案实现产品宣传和销售的目标。

【知识目标】

1. 掌握不同的文案正文开头写作方法。
2. 了解正文的不同表现形式与结构类型。
3. 掌握不同的文案正文结尾设计方法。

【技能目标】

1. 能够设计出合适的正文开头与结尾。
2. 能够熟练安排文案结构，并结合正文写作技巧优化文案内容。
3. 能够领悟文案正文的创作思路，写作出有吸引力的文案内容。

【素养目标】

1. 具有一定的创新意识和创意思维，文案创作具有一定想象力。
2. 了解广告宣传相关的法律法规，增强法律意识。
3. 谨记社会主义核心价值观，拒绝低俗、博眼球、无内涵的内容。
4. 通过阅读提高文化涵养，积极学习优秀传统文化，提高文案的文化内涵。

项目四　电商文案正文写作

任务一　电商文案正文表现形式及写作技巧

任务导入

作为中国汽车工业的国际合作伙伴，大众汽车集团伴随着中国汽车工业走过了跌宕起伏、快速成长的40年，其甲壳虫汽车也广为人知。当所有的汽车都在宣传"车辆宽敞、外形潮流"时，甲壳虫汽车却独辟蹊径。其在《想想还是小的好》宣传文案中采用欲扬先抑的手法，先提出"我们的小车并不标新立异。许多从学院出来的家伙并不屑于屈身于它；加油站的小伙子也不会问它的油箱在哪里……"。随后说出"其实，驾驶过它的人并不这样认为。因为它耗油低，不需防冻剂，能够用一套轮胎跑完40 000英里①的路……"。

这则电商文案的标题新颖独特，正文抓住汽车油耗更少、停车方便等特点，言简意赅，不仅改变了人们对

图 4-1　《想想还是小的好》宣传文案

小型汽车的固有看法，也为大众甲壳虫汽车打开了美国市场的大门，使甲壳虫汽车从年销15万辆到100万辆，实现了跨越式的销量转化，从而轰动整个广告界，成为时代的经典。结合甲壳虫文案的成功，你认为高质量的电商文案正文应该具备怎样的特点和作用呢？

知识预备

要写好电商文案正文，电商文案人员需要了解电商文案正文的不同表现形式和结构类型，为自己的正文文案确定合适的表现形式和结构类型，并运用正文的写作技巧去展开文案的具体写作。值得注意的是，在正文文案写作过程中尤其要设计好正文文案的开头和结

---

①　1英里≈1.609 344 千米。

尾，给正文文案一个精彩的开头和结尾。

一、正文的不同表现形式

电商文案的类型多种多样、形式丰富，要想掌握电商文案正文的写作方法，就需要灵活运用电商文案的各类表现形式，其表现形式主要分为以下几种：

1. 图片式

图片式是指以图片为承载形式的文案表现形式，其代表为海报文案和 H5 文案。对图片创意与信息选择要求较高，因为图片的大小有限，所以文案人员最好在图片中用简短的文字突出其主题思想和重要的信息，如图 4-2 所示。

图 4-2　图片式

2. 文字式

文字式是电商文案中使用频率较高的表现形式。一般为微博长文章、微信公众号文案、软文等。这类文案的内容基本上都是文字，偶尔也会在文案中插入所推广产品的图片、小程序等。在写作文字式文案时要重点注意排版的美观和内容的体现，电商文案人员可通过合理规划段落结构与间距、设置不同的字号大小和颜色来实现，确保文案内容详略得当、结构清晰。

3. 图文结合式

现在很多电商文案都要求使用图文结合的形式，因为图片能给人视觉冲击感，文字做解释说明，两者相辅相成。图文结合中的图可以是产品图、GIF 格式的动图、相关信息截图或者表情包图片等，只要能和正文内容相融合即可。

4. 视频式

视频式是指以视频为承载形式的文案表现形式，主要指直播和短视频类的创作文案。小红书、抖音、微博、哔哩哔哩等都可以用于发布这类文案。正文隐藏在视频内容中，常以创作者讲解形式出现。应注意视频画面精美，风格符合主流审美，标题封面图简介文本要有吸引力。视频内容包括新品试用介绍、产品测评、好物分享、知识科普、作品分享等，如图 4-3 所示。

图 4-3 视频式

5. 语音式

有些受众不太喜欢看文字,觉得文字读起来麻烦,所以文案人员可以用语音来进行宣传介绍。在社群中,人们常用语音进行交流,而且微信公众号也能群发语音,这也是一种可以利用的文案表现形式。有的商家使用音讯 App 来录制自己想说的话,然后将店铺链接复制到语音中,最后将其发送到朋友圈和微信群为店铺做宣传。

6. 综合混搭式

综合混搭式是文字、图片、语音、视频的有机组合,按这种写作方式写出来的文案内容材料十分丰富,表现力也很强。一般在电商文案中,多是"文字 + 图片 + 短视频"的组合,图片和视频是用于解释文字的。图 4-4 所示为某品牌公众号的一篇文案节选,它就是借助视频和图片来辅助文字的表述,受众能很清晰地了解产品的卖点和使用方法,文案具有非常强的感染力。

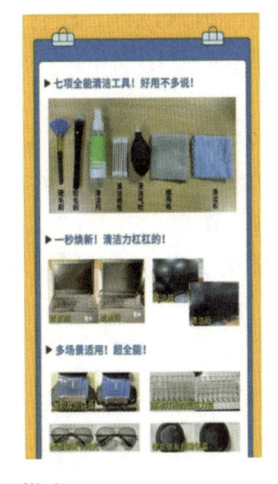

图 4-4 综合混搭式

二、正文的结构类型

写作电商文案的正文要将想向受众传达的内容好好梳理,清晰详尽地表达出来。为了方便文案内容的输出,下面介绍几种正文结构的写作方法。

1. 总分式

总分式结构一般先总结或总起全文,点明主题,然后再分层、分点叙述,呈现出一个发散的结构。采用总分式的文案正文可以让受众快速获取自己所需的信息,同时还能突出主题,加大文案对受众的吸引力。总分式结构是现在微信文案中比较常见的一种布局方式。

"安逸走四川"微信公众号发布的"四川广汉三星堆博物馆游园指南8.1"的文案就是这样的结构,第一段总结全文要讲述的内容,接下来就展开论述,介绍三星堆相关基础知识和具体的游园指南,包括交通、票务、餐饮等,文案脉络清晰,将游园的方方面面介绍得十分清楚。如图4-5所示。

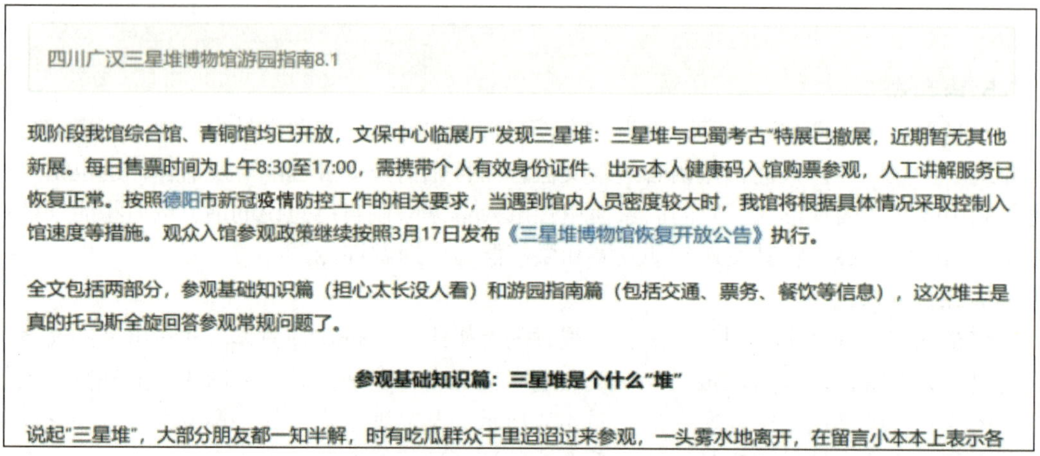

> **四川广汉三星堆博物馆游园指南8.1**
>
> 现阶段我馆综合馆、青铜馆均已开放,文保中心临展厅"发现三星堆:三星堆与巴蜀考古"特展已撤展,近期暂无其他新展。每日售票时间为上午8:30至17:00,需携带个人有效身份证件、出示本人健康码入馆购票参观,人工讲解服务已恢复正常。按照德阳市新冠疫情防控工作的相关要求,当遇到馆内人员密度较大时,我馆将根据具体情况采取控制入馆速度等措施。观众入馆参观政策继续按照3月17日发布《三星堆博物馆恢复开放公告》执行。
>
> 全文包括两部分,参观基础知识篇(担心太长没人看)和游园指南篇(包括交通、票务、餐饮等信息),这次堆主是真的托马斯全旋回答参观常规问题了。
>
> **参观基础知识篇:三星堆是个什么"堆"**
>
> 说起"三星堆",大部分朋友都一知半解,时有吃瓜群众千里迢迢过来参观,一头雾水地离开,在留言小本本上表示各

图4-5 总分式文案

正文结构除了有总分式以外,还有总分总式,它在总分结构的基础上加了个结论,是对全文的归纳、总结和必要的引申。

2. 并列式

并列式一般是从推广对象的各方面特征入手,不分先后顺序和主次,各部分并列平行地叙述事件、说明事物,或采用几个并列层次的中心论点的结构来进行写作。它的各组成部分间是相互独立的、完整的,能够从不同角度、不同侧面来阐述推广的对象。图4-6所示为一款手机的详情页文案,它就是从手机屏幕、人像模式、续航、容量等方面并列地表述该产品的卖点的。

项目四　电商文案正文写作

图 4-6　并列式文案

3. 递进式

递进式正文布局就是把受众的问题一层层地剥离开来，在论证的过程中做到层层深入、步步推进，一环扣一环，每部分都不能缺少。即正文中材料与材料间的关系是逐层推进、纵深发展的，后面材料的表述只有建立在前面材料的基础上才显得有意义。

递进式文案具有逻辑严密的特点，其内容之间的前后逻辑关系、顺序不可随意颠倒。递进式结构的文案主要是针对一些比较复杂的产品，表现为观点或事件的论证和讲述，常以议论体和故事体的形式进行写作，这种文案的重点内容都在文案的后半段。其论述时的层递表示方式有以下三种：

（1）由现象递进到本质、由事实递进到规律。

（2）直接讲道理，层层深入。

（3）首先提出"是什么"，然后展开对"为什么"的分析，最后讲"怎么样"。

图 4-7 所示为联想笔记本一篇名为《中国历史上最悲催的职业》的软文，它就是采用递进式结构的故事型写法。首先从与人们的生活密切相关的职业这个话题谈起，提出历史上悲催的职业为刺客，再从刺客谈到皇帝，引起受众的兴趣与好奇。层层

图 4-7　递进式文案（一）

深入，分析皇帝悲催的原因，引出皇帝悲催是因为"太后坑"。接着顺势转折，提出在现代人们能"比皇帝过得好"，巧用"太后"与"太厚"的谐音，将受众对"比皇帝过得好"的好奇心嫁接到产品上，引出联想的超薄笔记本，让受众自然而然地对产品感兴趣。

除此之外，还可以用对话体的表述方法进行递进式写作。例如图4-8所示的这则文案就利用对话体来层层渐进，寥寥数语，就引出该产品结实耐摔的特点。

丈夫："把你的××换掉吧。"
妻子："你又不是不知道我生气时爱摔东西。"
丈夫："所以才要换啊，摔不烂，怎么泄愤。"

图4-8 递进式文案（二）

写作递进式文案时，将自己放在消费者的角度，罗列出消费者可能提出的所有问题，并对这些问题及其答案做到心中有数，才能更好地掌握文案的递进关系。

4. 欲扬先抑式

欲扬先抑式也称"抑扬式"，是指为了肯定某人、事、景、物，先用曲解或嘲讽的态度去贬低或否定它的写作方法。例如要写某个人的好，开头先写他的不好，再通过表扬来说明他的好，但要注意"抑少扬多，扬能压抑"。

通过电商文案推广自己的产品、服务或思想时，也可以写它们的不好，但这种不好一般都不是核心点上的不好，而是一些不影响中心思想的不好。当然这需要电商文案人员用高明的写作手法来体现，图4-9所示为一篇采用欲扬先抑方法的文案。其文案更显得曲折生动，给读者留下了深刻的印象，增加了文案的感染力。

欧莱雅！我恨你！你知道你有多招人恨吗？你不知道我一直都很喜欢你的产品吗？为什么刚出的新品不多放一些？你不知道"雪颜亮采再现"是我的目标吗？我凌晨就等在计算机前准备开始抢，3秒啊！只有3秒就没有了！哎！要是我速度再快一点就好了！

图4-9 欲扬先抑式文案

总之，先抑后扬的写作手法可以解除受众的心理防线，让受众产生反差感，而这种反差感是受众记住一个产品或品牌的好方法。

5. 穿插回放式

穿插回放式是指利用思维可以超越时空的特点，以某物象或思想情感为线索，将描写的内容通过插入、回忆、倒放等方式，形成一个整体。具体操作上需要选好串联素材的线索，围绕一个中心点组织材料。图4-10所示为一篇名为《去年的衣服再贵，今年也不喜欢了》的软文，文案通过与闺蜜购物聊到消费观，再穿插闺蜜入职时候的事情来证实"去年的衣服再贵，今年也不喜欢了"的观点，并借机推广一个购物的小程序。

项目四　电商文案正文写作

图 4-10　穿插回放式文案（节选）

6. 三段式

三段式写法是从新闻学中的"倒三角"写法延伸而来的，这种结构比较适合营销软文的写作，主要分为三个阶段，下面分别进行介绍。

（1）第一段：以简练的语言对事件的主体、客体、时间、地点等进行一个概述性的描述，再以一句话简单概括出这一事件的意义。

（2）第二段：对第一段中的事件展开描述，交代事件发生的背景、过程和相关的细节，重点在于描述事件的"由头"。

（3）第三段：主要是提出针对事件的观点，升华事件的意义。

这种写作结构可以运用在某些关于产品介绍和销售的文案中，这表现为：第一段是指用一段话或要点陈列的方法来浓缩全文的销售话术，如总结核心卖点等的销售语言；第二段则是解释销售语言中的卖点或者将销售语言延伸开来，展开描述，这部分可用并列结构；第三段是最后一段，主要任务是让受众马上行动，一般是强化产品的某些独特优势，点明它能给消费者带来什么样的直观效果。在三段式写作中，最后一段最为重要，在这一段中要把消费者使用产品之后的场景、效果直接描述出来，让消费者产生购买欲望。

如图 4-11 所示的某款网红暖手宝产品详情页节选就是运用三段式进行写作的，文案开头第一段就直接用要点陈列的方法浓缩了产品的卖点，第二段就产品各卖点进行延伸，第三段把消费者使用产品的场景图直接展示出来，让消费者产生联想和购买欲望。三段式写作法写作产品详情页能够很好地让消费者认知产品。

图 4-11　三段式文案

三、正文的写作技巧

正文是文案中处于主体地位的语言文字部分，其主要功能是解释或说明文案的主题，详细叙述文案标题中引出的广告信息，使目标消费者了解相关产品，并对其产生好感，激发购买欲望。

正文的写作方法多种多样，但是无论电商文案创作者采用哪种诉求方式、使用哪种修辞手法来写作文案正文，只有有效地表达出产品的卖点，满足消费者的实际需求或写出引起消费者情感共鸣的文字内容，才能真正说服和打动消费者，促成消费者的购买行为。

1. 简洁有力的直接陈述

简洁有力的直接陈述就是直截了当、简洁明了地说明某产品或服务有哪些优势、解决了什么问题等，这种写作手法主要围绕产品本身的功能或特性来展开，同时结合消费者的购买动机和需求，引起消费者的购买欲望。

直接陈述的写作方式能够简洁、准确地向消费者传递产品的卖点，所以常用于产品的宣传文案。图 4-12 所示为某品牌花生油的宣传文案，通过简洁的描述说明了产品"纯物理压榨"的特点，体现了产品的安全、不失营养的卓越品质。

图 4-12　直接陈述的文案

项目四　电商文案正文写作

2. 层层递进地调动消费者的情绪

这种正文布局是按照某种顺序一步步铺排，层层递进地表达文案的主题，给人一气呵成的畅快感觉。其着重点在于层次关系的呈现，只有层次分明、节奏感强，才更有感染力。电商文案创作者在创作这类文案时，在其开头就要牢牢吸引住消费者，引导消费者观看完整的文案。如图 4-13 所示，短片借生活在上海的女性身上多样化的美，侧面展现出上海的城市魅力。城市生活有不同侧面，就像与人相处时有不同的情绪，但她的好，值得我们包容那些不愉快。从人物生活、到城市特质、再到人与城市的相融，情绪层层递进，传达出品牌想要帮助女性展现多样美的渴望，呼吁女性"打上一层薄薄的底妆，去成为上海的一半"，也将品牌理念体现得淋漓尽致。

图 4-13　层层递进的文案

3. 设置悬念制造出其不意的效果

设置悬念的文案能够充分调动消费者的好奇心，使受众跟随电商文案创作者的文字描述去解答疑惑。悬念的设置在于讲故事的技巧，在于如何讲才能使故事具有诱惑力，并能引起消费者的好奇心和阅读兴趣。

简单来说，文案的悬念设置是从设疑到推疑再到解疑的策略构思过程。

（1）设疑。首先设置疑点，吸引消费者关注，切记不要过早点明结局。所谓悬念，就是要让一些神秘的东西保持神秘感而不被人看透，一旦神秘的面纱被揭开，就起不到吸引人关注的作用了。

（2）推疑。推疑的过程就是充分重视消费者的感受，并根据消费者的期待发展情节，旨在发挥消费者的主观能动性，提高消费者对文案的关注度和参与性。

（3）解疑。解疑是不断深化冲突，并在故事情节的疑点被推向高潮时揭示真相的过程，能带给消费者豁然开朗的感受。

图 4-14 所示为某培训课程宣传文案的正文。该文案在文中设置了这样的悬念：写出成交率很高的文案的方法是什么？

> 无数的初学者学了很多课程，却没有什么效果，因为他们不知道，只要掌握了这种方法，就可以写出成交率很高的文案。如果你想掌握，请你扫码加入。

图 4-14　设置悬念的文案

上述宣传文案采用了常见的设置悬念的方法，它省去了"推疑"，通过直截了当地设置"疑问"，直接点明主题，告诉消费者想要知道问题的答案，就需要关注产品。

4. 围绕卖点扩充内容

围绕卖点扩充内容是常用的文案正文写作方法，这种写作方法实际上是对卖点的描述。例如，某款运动鞋的卖点是"透气"，文案正文就可以围绕这个卖点展开，描述该产品使用了什么技术使其透气性好，或者说明透气的实际效果等；某款眼罩的卖点是"助眠"，那么文案正文就可以描述该产品为什么可以助眠。如图4-15所示，某款眼罩通过描述其"甄选植物精油"对其卖点进行了描述。

5. 用数字表达产品卖点，简化正文内容

电商文案创作者在写作文案正文时，与其用冗长的文字描述产品的卖点，不如用精确的数字来表达产品的卖点。数字简单直接，能够让消费者感知到产品的差异性，消费者能够通过数字一眼看出产品的功能特点，同时数字易于记忆和传播。

图4-15 围绕卖点扩充内容的文案

如图4-16所示，小米体重秤的宣传文案通过"100克，喝杯水都可感知的精准"让消费者非常直观地感受到体重秤的精准，从而引起消费者的关注和购买，尤其是对体重秤精准性非常在意的女性消费者会非常乐意购买。

6. 用诙谐幽默的方式让消费者放下戒心

诙谐幽默的文案内容很容易抓住受众的注意力，提高其阅读兴趣，并实现转化让文案目标受众变成产品消费的受众。创作者可以借助夸张手法、谐音字、调侃语句、网络用语等制造幽默效果。如图4-17所示文案就是利用调侃的手段来展现幽默。

图4-16 用数字表达卖点的文案　　　　图4-17 诙谐幽默的文案

7. 情景对话式的文案正文写作

情景对话式的文案正文通俗易懂，生动自然，趣味性强，容易让消费者接受，让消费

者产生强烈的代入感。在撰写这类文案正文时，可以借用情景式的对话，将文案的主题用平铺直叙的文字描述出来，借助对话直白地表达产品的特点或品牌的内涵。

例如，图4-18所示滴滴出行七夕情人节广告，通过"你说……我说……"的句式描述目标消费者的现实处境，告诉消费者"我知道你的感受"，并鼓励消费者趁现在勇敢追求爱情，体现滴滴出行的人性化，让消费者感觉到温暖。

图4-18 情景对话式的文案

8. 创作打动消费者的故事

生动的故事可以让消费者产生代入感，对故事中的情节和人物产生向往之情。电商文案创作者如果能写出一篇好的故事类正文，很可能轻松地找到潜在消费者并提高企业和品牌美誉度。

对于电商文案创作者而言，打造一篇完美的故事文案首先需要确定的是产品的特色或品牌的理念，围绕其创作故事，让产品或品牌的相关信息自然地融入故事中，让消费者读完后感觉合理，不突兀。

故事类文案有两种写作切入点：

（1）以产品为主角或叙述者创作故事。以产品为主角或叙述者创作故事能够很好地把产品的特色融入故事中，使产品形象化，增添产品的感情色彩，以此来打动消费者。图4-19所示为某家居品牌的产品文案，将本来寻常的衣架、领带、围巾等产品拟人化，能够将产品在消费者脑海里形象化。

（2）以消费者为主角或叙述者创作故事。以消费者为主角或叙述者创作故事能够更加贴合消费者的生活场景，清晰地传递消费者自身真实的情绪、情感，能够引起消费者的共鸣，使产品和品牌受到消费者的青睐。

图4-19 以产品为主角或叙述者创作故事的文案

新媒体文案写作

图 4-20 所示为某款樱桃的宣传文案，通过讲述店主回乡种樱桃的故事调动浏览者的情绪，让读者在观看过程中不知不觉地被潜移默化，认同产品的价值，最后促成购买。

图 4-20 以消费者为主角或叙述者创作故事的文案

任务实践

为非遗文化遗产绒花写作正文推广文案

任务目的

本次任务的主要目的是通过创作关于绒花的正文文案，增强学生对非遗文化和传统审美的理解，锻炼学生的创意文案写作能力，并通过社交媒体平台展示和推广非遗文化，展现中国国风之美。

项目四　电商文案正文写作

任务背景

绒花是我国非物质文化遗产之一，其种类繁多、各式各样，且制作工艺复杂，因谐音为"荣华"，也寓有吉祥祝福之意。王的手创是一家淘宝网店，主要售卖各式各样的非遗手创产品，其上架的绒花手作精美绝伦。临近"双11"，店长准备在社交平台发布一篇有关绒花发叉的电商正文推广文案，以弘扬非遗文化，并为店内各种绒花产品引流，助力店铺产品销售。

任务要求

（1）文案主题：文案需围绕绒花的特点、工艺、设计理念、文化内涵等展开，突出其独特魅力和文化价值。

（2）创意表达：鼓励采用富有创意和想象力的表达方式，如运用诗词、典故、传统元素等，使文案更具个性和深度。

（3）文案结构：采用并列式结构对各款式绒花产品进行介绍，并在文案中结合当前热点。

（4）图文结合：文案应配以高质量的图片或短视频，展示绒花的细节和整体效果，提升视觉效果。

任务实施

（1）资料收集：学生需要收集关于绒花的相关资料，包括设计灵感、文化内涵、历史背景、当前热点等。

（2）文案策划：确定文案的主题和风格，构思文案内容和结构。

（3）图片收集或拍摄：收集或拍摄能够展示绒花特色的图片和短视频。

（4）文案撰写：根据策划方案，进行文案的具体撰写和编辑。

（5）文案发布：将撰写好的文案内容发布到社交平台，并进行运营。

文案举例

唐宋之际，簪花习俗盛行，可以说从皇家到百姓，男女老幼无不爱花戴花。各类鲜花自有花期，也免不了枯萎。因此，金银、丝绢成为"人造花"的主力。绒花已难溯其源，但必定是与这簪花之风密切相关，自出现后，也替代鲜花成为贡品。

"花开不败"，是绒花优于鲜花的特性，无论花卉果实还是松鸟鱼蝶，皆可创造，皆可永存。戴在头上的便是不受时间与季节所限的盛景，绒花，是中国式的浪漫！

历史上仿制鲜花的手段众多。绒花以天然蚕丝塑造的绒制感独树一帜，饱满圆润，可爱至极。将花叶整体烫平的工艺，则可呈现另一种全然不同的质感。真正的绒花都是由天然蚕丝制成，而亲手染色也是手艺人必须做的工作。绒花发叉如图4-21所示。

随着汉服的兴起与古装剧的热播，绒花亦成为国风配饰的代表。《中华遗产》新版《红楼梦》电影中的绒花便是由刘梅与征珊珊女士专门定制的，无论头饰还是胸花都为中国女性赋予独有的东方气韵。

这款绒花是曾黎同款。采用烫平工艺，似真而超然。墨韵自然且在不同角度不同光线下呈现丰富的光泽感，适合素雅的妆服搭配，亦可随喜好调整花叶姿态，仅是赏玩也是极好的。

……

生生不息，永葆青华，绒花体现着中国人千百年来的审美观。同时也创造了一种独有的美学，似花而胜花。

图 4-21　绒花发叉展示

任务评价

根据以上任务实践的完成情况，填写任务评价表 4-1。

表 4-1　绒花正文文案写作任务评价

评价项目	评价内容	分数	评价说明	自我评价	小组评价	教师评价
任务实施（60分）	正文文案写作技巧	20分	能够根据产品特性，运用恰当的正文文案写作技巧			
	正文文案排版	20分	能够根据产品特性，运用合适的排版方式，排版美观			
	正文文案发布平台与时间	20分	能够根据文案内容选择恰当的社交平台和时间进行文案发布			
工作技能（20分）	挖掘产品信息和卖点	10分	能够根据所展示的图片和文字描述，挖掘产品的卖点			
	文案运营情况	10分	能够获取一定的评论、点赞和转发量			
职业素养（20分）	认真严谨	10分	认真查找资料，充分运用信息进行决策，优化决策			
	沟通表达	5分	主动提出问题，快捷有效地明确任务需求			
	团队合作	5分	快速地协助相关同学进行工作			
		计分				
总分（按自我评价 30%、小组评价 30%、教师评价 40% 计算）						

项目四　电商文案正文写作

任务二　正文开头和结尾写作方法

任务导入

2021年8月5日，一汽红旗官方微博发文表示：每一位中国健儿都是中国骄傲，红旗将为本次东京奥运会中国奥运代表团获得金牌的运动员敬赠红旗H9一台，如图4-22所示。这条微博迅速得到了网友的好评和传播，网友发文说"大手笔""格局打开了""请尽情地给他们奖励"。仅仅一天时间，#为中国健儿送红旗H9# 这一话题就登上了微博热搜，并获得了1.7亿次阅读、6.5万次讨论，红旗H9成功实现出圈。请分析一汽红旗官方微博文案为何能爆火，优秀的正文文案是如何开头和结尾的。

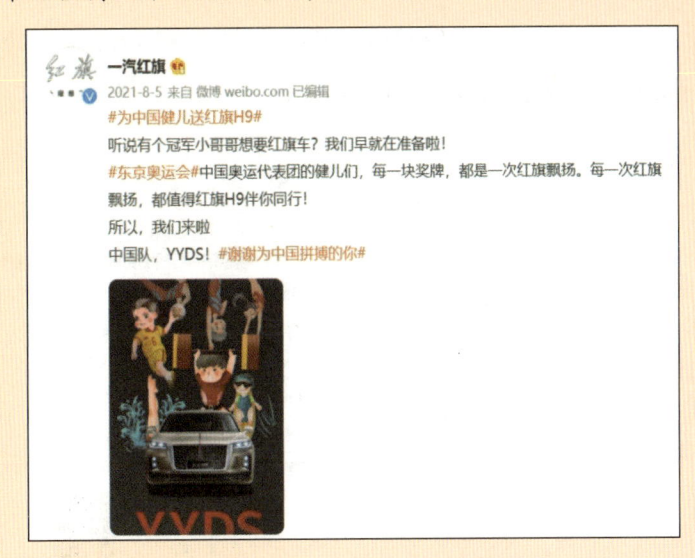

图4-22　一汽红旗微博宣传文案

知识预备

一、正文开头写作方法

不同的电商文案需要设定不同的内容，但是不管文案内容如何不同，都需要一个精彩的开头。只有开头有足够的吸引力，才能激发受众的好奇心，而正文的价值也才能得以体现。文案创作人员要掌握各种不同的开头写作方法，为自己的文案设计一个好的开头。本节将介绍直言开头、故事开头、提问开头、悬念开头等各种不同的开头设计方法。

1. 直言开头

直言开头就是开门见山，直截了当地奔向主题，也就是直接揭示文案主题思想或点明要说明的对象。例如，推广产品或服务的文案，其开头可直接表明产品或服务是什么，有什么好处，能解决什么问题等；推广活动的文案，其开头可直接描述活动相关信息。如图 4-23 所示文案正文开头直接告诉家长《小读者》开订。

创作者还可根据标题设计开头，如标题为疑问句，正文开头可直接阐释标题问题。这种写作方法常以标题为立足点进行直接说明，避免受众出现落差和跳脱感。

例如，某文案标题为："'双11'到啦！猜猜今晚的直播有什么活动？"正文开头是对标题所提问题的回答。图 4-24 为直言开头的文案。

图 4-23 直言开头的文案

今晚 7 点，淘宝直播准时开场，不同体型的模特现场试穿，高额无门槛优惠券不限量发送，你还在等什么？

图 4-24 直言开头的文案

2. 提问开头

疑问句总是能引起人们的好奇，以提问开头可以自然而然地导入文案的主题，不仅能引起受众的思考，还显得文案主旨鲜明、中心突出。图 4-25 所示为某微信公众号的推文，主题是推荐支付宝这款软件，文案开头对"你平时用支付宝来做什么"进行提问，并对问题进行了"收付款、生活缴费、话费充值，或者种种树、喂喂小鸡"的设问，引发人们的深入思考和对该软件隐藏功能的兴趣。

3. 故事开头

故事开头也就是情境导入，就是在文案的开头创造一个故事情景，可以用富有哲理的小故事或者用与要表达的中心思想或段落相关的小故事作为开头，用一句话揭示道理；还可以直接写故事，然后在其中进行商业植入等。以故事开头的方式有助于增强文案的趣味性，提升受众阅读的兴

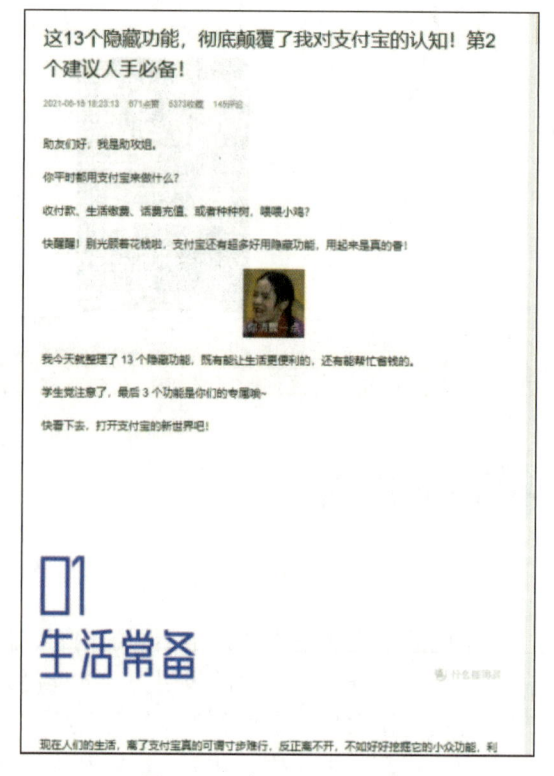

图 4-25 提问开头的文案

趣。如图4-26所示为某品牌的品牌故事，开头通过故事的形式吸引受众阅读。

> 相传拿破仑的一队远征军曾在冰天雪地的俄国患上了严重的冻疮，他们来到一个法国小镇的温泉，这里的温泉水竟然让他们奇迹般地恢复了健康，为了表达对这种温泉水神奇疗效的感激，拿破仑在此建立了温泉治疗医院。从此这里成为法国第一个也是至今为止最为知名的温泉治疗中心，为肌肤传递着安全和高效的护理理念。
> 如果你不知道这个法国小镇的名字 LA ROCHE-POSAY，那么对理肤泉这个牌子一定不会陌生。没错，世界皮肤科医生首选品牌、敏感皮肤护理专家理肤泉便是在这里诞生的。

图4-26　故事开头的文案

4. 悬念开头

悬念比较吸引人的眼球。创作者可以在文案正文开头设置悬念，激发受众的好奇心，引导受众继续阅读文案内容。制造悬念的方法包括截取戏剧化场面进行描述、利用情感或好奇心理等，充分勾起受众的兴趣和探索欲。图4-27所示为某洗发水的宣传文案："怎样洗头可以保证不掉发？"其开头通过提问设置悬念，激起消费者的好奇心，让消费者想要一探究竟。

> 平时没感觉头发怎么掉，就是洗头时掉头发最多。手掌上、盆子里全是头发。感觉这么掉下去，要变成秃头。为什么洗头掉头发严重？……

图4-27　悬念开头的文案

5. 名言开头

名言开头即在文案开头精心设计一则短小精练、扣题又意蕴丰厚的句子，或使用名人名言、谚语、诗词等，来引领文章的内容，凸显文案的主旨及情感。名言一般具有言简意赅的特点，运用得当不仅能充分展示文案主题，还会让受众觉得撰写者有文采，文案充满吸引力。这是一种既能吸引读者、又能提高文案可读性的方法。

图4-28所示为某手机品牌的一则微信文案，开头便摘选叶芝的《当你老了》中的句子来引起读者对年老时的想象，使读者在优美的句子中仿佛身临其

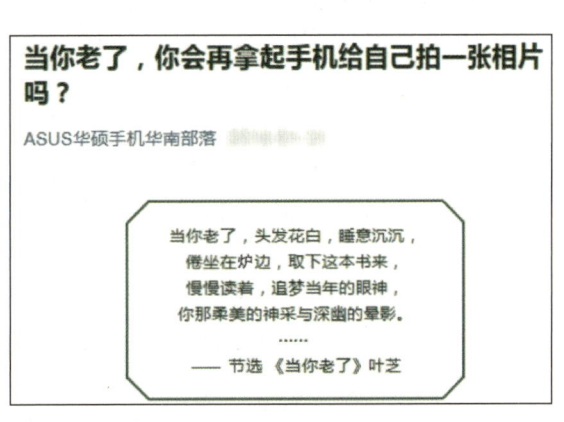

> **当你老了，你会再拿起手机给自己拍一张相片吗？**
>
> ASUS华硕手机华南部落
>
> > 当你老了，头发花白，睡意沉沉，
> > 倦坐在炉边，取下这本书来，
> > 慢慢读着，追梦当年的眼神，
> > 你那柔美的神采与深幽的晕影。
> > ……
> > ——节选《当你老了》叶芝

图4-28　名言开头的文案

境，加深读者对文案的印象。

6. 利益开头

以利益开头的文案对受众有较强的吸引力，即便受众目前没有购买的需求，在利益驱使下，也会选择继续查看相关信息。图 4-29 所示就是直接用特价、9.9 元起等福利来引起受众的兴趣，让受众愿意继续阅读后文，了解产品或者活动详情。

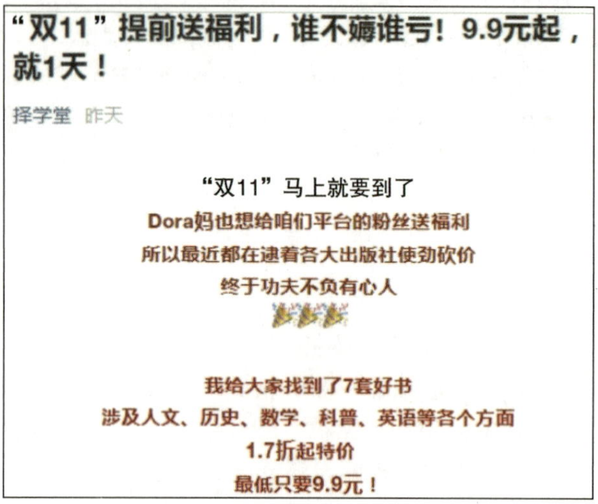

> "双11"提前送福利，谁不薅谁亏！9.9元起，就1天！
>
> 择学堂 昨天
>
> "双11"马上就要到了
> Dora妈也想给咱们平台的粉丝送福利
> 所以最近都在逮着各大出版社使劲砍价
> 终于功夫不负有心人
>
> 我给大家找到了7套好书
> 涉及人文、历史、数学、科普、英语等各个方面
> 1.7折起特价
> 最低只要9.9元！

图 4-29　利益开头的文案

7. 独白开头

独白指通过人物的自思、自语等，揭示人物隐秘的内心世界。文案开头采用独白剖析情感，容易给受众以情真意切、发自肺腑的印象，能够拉近人与人之间的距离，引起受众的共鸣，从而得到受众的信任。要在文案中写出内心独白，就需要将文案写成类似于戏剧性对白或作者的陈述，向受众道出内心活动。

对于内心独白型的文案，需要注意以下三点：

（1）在人物方面可一人独白，也可二人相互补充情节。

（2）在情节方面可叙述出相对完整的内心历程。

（3）在氛围方面语调要娓娓动人且舒缓亲切。

采用内心独白的写作手法撰写文案开头时，语言应通俗易懂，同时要真诚地表达自己的情感。如图 4-30 所示为某社群中关于学习产品的推广文案，其开头采用了直白简单的表达，这对有相同境况的新手妈妈有很大的吸引力，她们可能会想通过阅读正文内容来了解这位新手妈妈所要阐述的信息，因此她们也更容易接受产品的推广信息。

"我叫××，一个每天忙得不可开交的新手妈妈。每天，我有3件固定的事要做：上班、带娃、刷朋友圈……"

图 4-30　独白开头的文案

项目四　电商文案正文写作

8. 修辞开头

修辞手法有很多，包括比喻、夸张、排比、比拟等，修辞手法的运用，可以让文案开头变得更加生动。如图 4-31 所示为某运动品牌为某篮球运动员复出而写的文案，正文开头运用了排比的修辞手法，气势满满。

他不必再搏一枚总冠军戒指

他不必在打破 30 000 份记录后还拼上一切

他不必连续 9 场比赛独揽 40 多分

图 4-31　修辞开头的文案

9. 热点开头

热点即近期讨论度很高的话题，例如，一些已经发生的新闻事件，一些即将到来的节日等。热点的讨论范围较广，因此将热点作为文案正文的开头，可以增强受众阅读的兴趣。图 4-32 所示文案以当时微博热议的"发际线男孩表情包"话题作为开头。

图 4-32　热点开头的文案

二、正文结尾写作方法

让受众读完一篇文案并不是电商文案的最终目标,真正的目标是受众在读文案后会产生我们所期待的行为,一个精心设计的结尾总是能带来更高的转化率和营销效果。电商文案人员需掌握电商文案结尾的设计技巧,引导受众产生相应的行为。本节将介绍神转折结尾、自然结尾、金句结尾等不同的结尾设计方法。

1. 神转折结尾

神转折式结尾就是用出其不意的逻辑思维,使展示的内容跟结局形成一个奇怪的逻辑关系,从而得到出人意料的效果的写作方式,它能将正文塑造的气氛转变得干净利落,让人哭笑不得。这种写作方式常有奇效,借助这种氛围落差会在受众心理起到震撼效果,让受众惊叹于写作人员的构思独特,引起受众的讨论,在心中留下深刻的记忆。

如图 4-33 所示的视频广告文案,孩子在客厅玩耍,却听到妈妈在给老师打电话,声称要帮她好好收拾收拾,这可把孩子给吓坏了,赶紧将 iPad 藏起来,看着老师进门的那一刻他吓得直往后退。没想到剧情来了反转,开门进来的不是他的老师,而是妈妈在天猫美妆线上预约的护理师。这个神转折广告,用出其不意的剧情故事引出天猫"6·18"活动专场的优惠点,既能引人入胜,又能巧妙植入宣传卖点,让人记住广告内容,做到"内容即广告,广告即内容"。

图 4-33 神转折结尾的文案

2. 自然结尾

自然结尾是指根据文案的描述自然而然地结束,即文末不去设计含义深刻的哲理语句,不刻意引导或号召消费者行动起来,而是在内容表达完毕之后,写出想要对消费者说的话,自然而然地结束全文。自然结尾的文案能让消费者感受到文案所要表达的意图,让消费者自己做出判断。如图 4-34 所示为新手选车配置的微信文案,在叙述完新手选车配置之后自然而然结束全文。

图 4-34 自然结尾的文案

3. 点题式结尾

点题式结尾也叫画龙点睛式结尾，是指在结尾时用一句或一段简短的话语来明确文案的观点，起到画龙点睛的作用。

如图 4-35 所示，在"电冰箱再袭击"这篇电冰箱宣传文案中，文案创作者用"你应该感谢冰箱，你的冰箱在夜里静静地填补了你白天的空虚和不满"结尾，将冰箱拟人化，让产品变得有温度，升华了文案主题。

> 第七天她决定报警，警察在她家装上摄像机，
> 终于抓到偷吃食物的窃贼，就是她自己。
> 她每天晚上梦游到冰箱前狼吞虎咽吃光食物，
> 然后心满意足地回到床上继续她的美梦。
> 接受治疗时，心理医师告诉她：
> "你应该感谢冰箱，
> 你的冰箱在夜里静静地填补了你白天的空虚和不满。"

图 4-35　点题式结尾的文案

4. 金句结尾

用名言警句或金句结尾的文案可以帮助受众深刻地领悟文案思想，引起受众共鸣，提升他们对文案的认同感。且名言警句一般都富含哲理，这些语言能起到警醒和启发的作用，还能提高该文案的转发率，可谓一举多得。

如图 4-36 所示的文案，某 PPT 网课推广文案结尾引用了巴菲特名言，鼓励受众购买课程，征服 PPT，成为一个"PPT 设计者"。

> 每一个让你感觉到舒服的选择，都不会让你的人生获得太大的成长。
> 而每一个让你感觉不舒服的选择，并不一定让你获得大家所谓的祝福，
> 却会让你有机会获得与众不同的体验，寻觅到更多的可行性。
> 从一个"PPT制作者"成为一个"PPT设计者"，难吗？不轻松。
> 但正在学习阶段的你，连个PPT都征服不了，谈什么征服世界？
> 做你没做过的事情叫成长，
> 做你不愿意做的事情叫改变。

图 4-36　金句结尾的文案

5. 幽默结尾

幽默的语言总是讨人喜欢，如果文案的结尾适当地来一段幽默，则会让人会心一笑，会给人带来非常愉悦的阅读体验。

例如某些朋友圈的互动文案，就是用幽默的语言结尾来引起受众评论与互动的，甚至有些公众号直接在每次推文之后再多发一则幽默文案，以标题为开头，以正文为结尾，博受众一乐，让人读完之后忍不住留言，如图 4-37 所示。

图 4-37　幽默结尾的文案

6. 互动式结尾

互动式结尾就是在文案末尾设置话题，吸引受众参与。这种结尾一般采用提问方式，通过提问可以带着受众思考，激发受众的互动积极性，促进留言互动，从而增加文案的热度。微博、微信等注重参与评论的社交平台文案中常设置话题。互动的话题一般可以根据文案内容进行设置或者是选取一些消费者比较感兴趣的话题。图 4-38 所示为互动式的结尾，容易引发受众互动。

> 大家都来谈谈收到过什么让你印象深刻的礼物，
> 通宵读书是怎样的体验。

图 4-38　互动式结尾的文案

7. 引导行动式结尾

引导行动式结尾可以称为动之以情式，这种引导行动就是从感情上打动对方，让这款产品有温度，有情绪，做到"以情动人"。还可以通过利益和好处对受众进行诱导，在推广文案中用这种结尾方式可以将利益最大化，引导受众产生行动。

图 4-39 所示的图片为推广京东白条的电商文案结尾，它是从情感上来引导受众产生行动的。

> 这是**京东白条**一直想传递给年轻人的关怀。
> 改变失恋的悲伤、改变失控的萎靡、改变失业的迷惘……
> 也许只是从打扮自己的一支口红，培养健身习惯的一对哑铃开始，现在再小的一个改变，也能通向未来不一样的风景。
> 为了支持更多年轻人做出改变，选择想要的生活，京东白条提供"**先消费，后付款**"的支付方式。
> 并且消费场景广阔，涵盖吃喝玩乐，还可以**分期付款**（3 期 /6 期 /12 期 /24 期）。
> 京东白条，让改变可期。将你的宏大目标，拆成一个一个，一步一步抵达。
> 世界上最长的距离，只是一念之间。
> 只要敢于迈出脚步，不怕到不了。
> 现在就向前一步吧！

图 4-39　引导行动式的文案

项目四　电商文案正文写作

另外，以利相诱促使受众产生行动的文案结尾可设置为"现在下单，再赠送好礼三选一，活动只到春节前"这类显示直白优惠力度的文字，或是撰写"读者优惠购买通道，点击阅读原文或长按扫描图中二维码"这类诱导受众产生转发、点赞、收藏、留言、点击链接了解产品详情、关注、购买等具体行动的结尾方式。图4-40所示为引导受众关注其公众号的文案。

图4-40　引导行动式的文案

8. 首尾呼应式结尾

首尾呼应是指结尾和文案的标题或开头相互接应，这样能使文案的结构条理清晰。首尾呼应一般有两种用法，一种是直接重复标题或文案的开头，起到强调主题的作用；另一种是对标题或开头进行解释说明，即文案的标题或开头提出了观点，中间进行分析，结尾则自然而然地回到标题或开头的话题，使得文案浑然一体。

如图4-41所示文案结尾重复标题，首尾呼应，进一步强调了婚姻中要相互理解。

> 文案标题：《最好的关系，是我懂你养娃的不容易》
> 文案结尾："最好的关系，是我懂你养娃背后的不容易。

图4-41　首尾呼应式结尾文案

如图4-42所示，其结尾就通过首尾呼应的方式对文案主题进行了升华，强调了产品的性价比。

> 开头："今天我们要说的是卖得最好的国产轿车之一，奇瑞艾瑞泽5。"
> 结尾："毕竟车无完车。六七万就能买到一部颜值高、空间大、配置高、底子好的车，其他方面也别太苛求了。所以艾瑞泽5还是很值得购买。"

图4-42　首尾呼应式结尾文案

77

新媒体文案写作

任务实践

为蜂蜜柠檬百香果茶写作正文文案任务

任务目的

本次任务的主要目的是通过写作蜂蜜柠檬茶的正文文案，提升学生对正文文案写作的理解，尤其是对开头和结尾技巧的运用能力，锻炼学生的创意文案写作能力，并培养学生对产品的推广能力和对卖点的挖掘能力。

任务背景

随着人们生活水平的提高，越来越多人注重身体健康，关注养生。蜂蜜柠檬百香果茶作为一种美味又健康的饮品，含有丰富的维生素C和抗氧化物质，越来越受到人们的青睐。临近"6·18"，某品牌上市了一款网红蜂蜜柠檬百香果茶，为促进销售，准备对产品进行推广。请为产品推广设计合适的推文。

图4-43 蜂蜜柠檬百香果茶产品图片

任务要求

（1）文案主题：文案需围绕蜂蜜柠檬百香果茶的特点、制作方法、功效等展开，突出其营养价值、纯天然、功效及活动优惠。

（2）创意表达：鼓励采用富有创意和想象力的表达方式，使文案更具吸引力和真实性。

（3）图文结合：文案应配以高质量的图片或短视频，展示蜂蜜柠檬百香果茶的细节和整体效果，提升视觉效果。

（4）互动元素：文案中可包含互动元素，如提问、话题标签等，鼓励读者参与讨论和分享。

任务实施

（1）资料收集：学生需要收集关于蜂蜜柠檬百香果茶的相关产品信息，使用九宫格思考法或FAB法则（属性、作用、益处的法则）提炼卖点。

（2）文案策划：确定文案结构及开头结尾的设计方法，构思文案内容。

项目四　电商文案正文写作

（3）图片收集或拍摄：收集或拍摄能够展示蜂蜜柠檬百香果茶卖点的图片和视频。

（4）文案撰写：根据策划方案，进行文案的具体撰写和编辑。

（5）文案发布：将撰写好的文案内容发布到社交平台，并进行运营。

文案举例

开头：

眼下正值换季，乍暖还寒，气候比较干燥，很容易使人口干舌燥，外感咳嗽，这时节还是要多进食汤汤水水的，一杯酸甜可口、滋润又养颜的柠檬百香果茶，最适合啦！不过，自制果茶饮品费时费力，饮品店里的现调果茶，至少也要 20 元左右，小贵不说糖分还有点高……

不如试试下 ×× 品牌的蜂蜜柠檬百香果茶吧。

正文：

百香果堪称水果中的"维 C 炸弹"，柠檬是众所周知的美颜圣品，蜂蜜更是"浓缩营养库"，每天喝上一杯蜂蜜柠檬百香果茶，酸甜果香沁人心脾，不光满足挑剔的舌尖，还能补充维 C，解渴养颜一举多得哦。

产品的配料表干干净净，只有洋槐蜜、柠檬、百香果这三样，拒绝添加剂，品质安心。舀两勺放杯子里，再加适量温水或冰水，搅拌几下，一杯酸甜清爽又芬芳的蜂蜜柠檬百香果茶就做好了！省时、省力还省钱，健康无添加，自己调制的安心又方便！

结尾：

临近"6·18"，本店开展了促销活动，活动福利极大！1kg 一瓶的蜂蜜柠檬百香果茶，原价 24.9 元，促销价只需 18.9 元一瓶，现在下单还送精致樱花勺，买 2 瓶再送精美玻璃杯一个，并且加享 8.8 折的优惠福利，真心推荐各位尝试哦！

心动不如行动！赶快点击链接下单吧！

任务评价

根据以上任务实践的完成情况，填写任务评价表 4-2。

表 4-2　蜂蜜柠檬百香果茶正文文案写作任务评价

评价项目	评价内容	分数	评价说明	自我评价	小组评价	教师评价
任务实施（60 分）	正文文案开头和结尾写作巧	20 分	能够根据产品特性，运用恰当的正文文案写作技巧，并设计吸引消费者的开头和结尾			
	正文文案排版	20 分	能够根据产品特性，运用合适的排版方式，排版美观，做到图文搭配			
	正文文案发布平台与时间	20 分	能够根据文案内容选择恰当的平台和时间进行文案发布			

续表

评价项目	评价内容	分数	评价说明	自我评价	小组评价	教师评价
工作技能（20分）	挖掘产品信息和卖点	10分	能够运用九宫格思考法或FAB法则，根据所展示的图片和文字描述，挖掘产品的卖点			
	文案运营情况	10分	能够获取一定的评论、点赞和转发量			
职业素养（20分）	认真严谨	10分	认真查找资料，充分运用信息进行决策，优化决策			
	沟通表达	5分	主动提出问题，快捷有效地明确任务需求			
	团队合作	5分	快速地协助相关同学进行工作			
计分						
总分（按自我评价30%、小组评价30%、教师评价40%计算）						

自我检测

一、知识巩固

（1）文案正文的结构类型有哪些？

（2）根据电商文案开头的写作技巧，找到对应的文案案例。

（3）从网络中收集一些电商文案结尾的写作技巧。

（4）以中秋月饼折扣活动为例，设计一个引导行动的结尾。

二、实训任务

（1）随着我国经济的发展，人民的生活水平越来越高，很多人开始追求健康、高品质的饮食。空气炸锅凭借方便的操作方法和独特的原理赢得了很多用户的青睐。某家电品牌推出了一款空气炸锅，其卖点有：支持定时控温，旋钮操作，十分便捷；内部空气360度循环布热，受热均匀；分离式炸篮，加热同时剥离油脂，使食物不油腻；5L大容量，炸篮加长加深，如图4-44所示。请为该产品撰写一篇产品宣传文案，要求体现产品卖点和定位人群，图文结合。

项目四　电商文案正文写作

图 4-44　空气炸锅图片展示

（2）某电商有一款鲜花饼糕点，其电商详情页的图片将鲜花饼的特色以图文并茂的形式展示出来，如图 4-45 所示。请根据图片中的信息，为该产品撰写一篇推广文案，要求标题、开头、正文、结尾等结构完整。

图 4-45　鲜花饼产品详情页展示

项目小结

电商文案用标题来激起受众的点击欲，用开头和正文来降低受众的跳出率，用结尾来引导受众采取相应的行动。要想写出一篇吸引力强、转化率高的电商文案，就需要掌握文案正文的表现形式、结构类型和正文的开头、结尾写作方法，并运用正文的写作技巧进行文案内容的撰写。现将本项目重点内容总结如下：

81

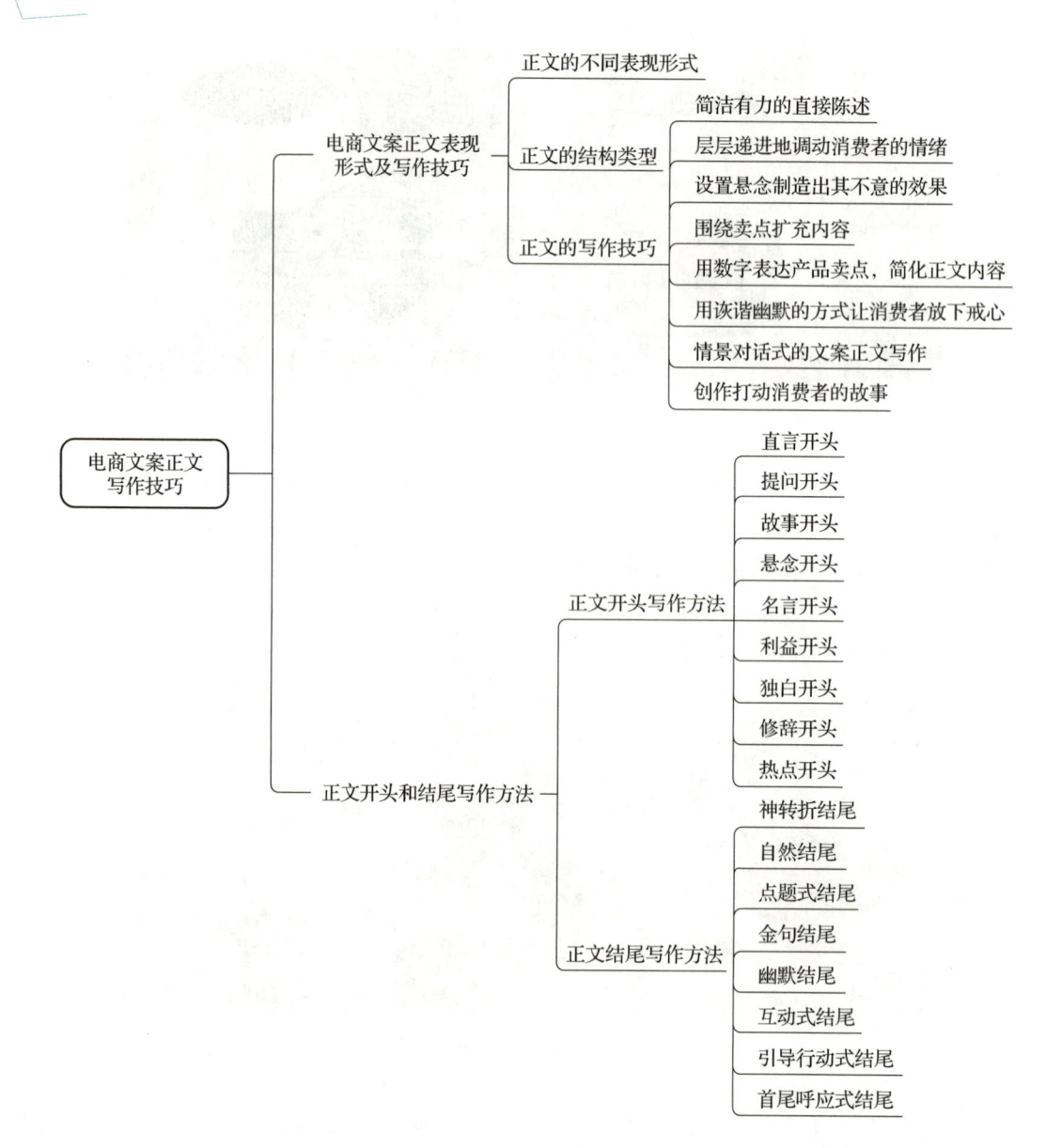

```
电商文案正文写作技巧
├── 电商文案正文表现形式及写作技巧
│   ├── 正文的不同表现形式
│   ├── 正文的结构类型
│   │   ├── 简洁有力的直接陈述
│   │   ├── 层层递进地调动消费者的情绪
│   │   └── 设置悬念制造出其不意的效果
│   └── 正文的写作技巧
│       ├── 围绕卖点扩充内容
│       ├── 用数字表达产品卖点，简化正文内容
│       ├── 用诙谐幽默的方式让消费者放下戒心
│       ├── 情景对话式的文案正文写作
│       └── 创作打动消费者的故事
└── 正文开头和结尾写作方法
    ├── 正文开头写作方法
    │   ├── 直言开头
    │   ├── 提问开头
    │   ├── 故事开头
    │   ├── 悬念开头
    │   ├── 名言开头
    │   ├── 利益开头
    │   ├── 独白开头
    │   ├── 修辞开头
    │   └── 热点开头
    └── 正文结尾写作方法
        ├── 神转折结尾
        ├── 自然结尾
        ├── 点题式结尾
        ├── 金句结尾
        ├── 幽默结尾
        ├── 互动式结尾
        ├── 引导行动式结尾
        └── 首尾呼应式结尾
```

项目五

产品文案写作

【项目导入】

俗话说,酒香不怕巷子深,但这对互联网时代下的电商产品并不适用。消费者在通过网络购买产品时,并不能直观地看到他们想要购买的产品实物,只能通过商家平台展示出来的图片和文字详情页来了解产品。好的产品文案就像一把锋利的刀,让消费者忍不住"剁手"。不同的产品文案具有不一样的功能,撰写方法也有所不同。要想写出有影响力的产品文案,文案创作者就要根据产品和店铺定位,洞察消费者的需求,不断优化各部分文案。

本项目将分别阐述常见产品文案的写作方法和技巧,帮助电商文案人员通过撰写产品文案实现产品销售目标。

【知识目标】

1. 了解产品文案的含义和类型。
2. 掌握产品详情页文案的写作方法。
3. 掌握产品海报文案的写作方法。
4. 掌握产品促销活动文案的写作方法。

【技能目标】

1. 能完成产品详情页文案的写作。
2. 能完成产品海报文案的写作。
3. 能完成产品促销活动文案的写作。
4. 在产品文案写作中能做好图文搭配和排版。

【素养目标】

1. 具备诚实守信的精神,真实、准确地展示产品和服务信息。
2. 培养学生的审美意识,树立细心谨慎的工作态度。
3. 自觉传播中华民族传统文化,彰显文化自信和民族自信。

任务一　产品详情页文案写作

任务导入

1921年,浙江兰溪籍商人张锦泉挑着担子在嘉兴老城区叫卖"五芳斋粽子",从此翻开了老字号的历史篇章。五芳斋在传承民族饮食文化的基础上不断创新,对明清两代极具盛名的"嘉湖细点"的制作工艺进行现代化改造,成为全国首批"中华老字号"企业,其制作技艺于2011年被文化部收录进第三批国家级非物质文化遗产名录。同时,"五芳斋"作为嘉兴的一张城市名片,以其富有地域特色的中国传统食品文化元素和高品质的产品屡获好评,成为嘉兴"对外交流的使者",为宣传嘉兴城市和五芳斋品牌文化起到了积极的推动作用。

图5-1是从五芳斋天猫旗舰店中选取的一款爆款产品的详情页文案。这款产品的详情页文案好在哪里?如果让你写一则产品详情页文案,你会介绍哪些信息?

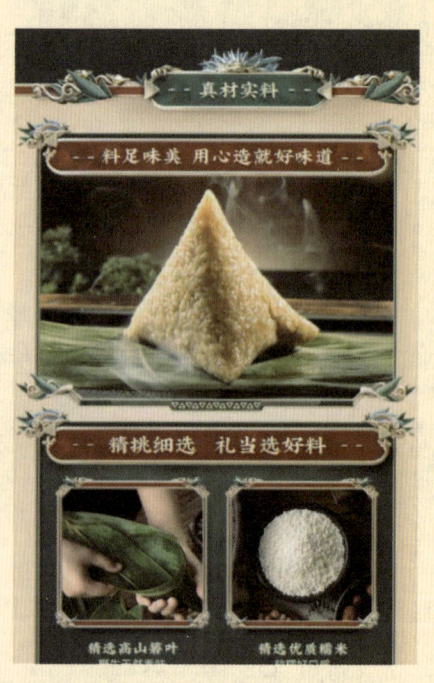

图5-1　产品详情页文案

项目五 产品文案写作

知识预备

一、产品详情页功能

产品详情页是指在淘宝、京东等电子商务平台中，商家以文字、图片或视频等展示所销售产品信息的页面。产品详情页面是客户做出"加入购物车"决定的页面，是搜索引擎的结果页面，是产品对外的传播途径。产品详情页就是产品的推销员，它能最大限度地将产品的卖点展示出来，让消费者在了解产品的各项信息的同时，延长在店铺的停留时间，间接引导他们下单，从而提高店铺的转化率。下面对产品详情页的主要功能进行介绍。

1. 增加消费者对产品的了解

消费者点击进入产品详情页时，可以看到详细的产品描述信息，包括产品的材质、品牌、价格和样式等基本信息。除此之外，详情页还能对产品的其他信息进行展示，如产品的适宜人群、细节描述、不同角度的卖点展示等，这些信息有助于消费者更加详尽地了解产品细节。

2. 使消费者了解产品的功效

产品详情页要提炼出产品的卖点，尤其要将产品最主要的功能和特点都提炼出来，以图文结合的形式对产品的特点加以重点展示，突出产品的功效，以吸引消费者的眼球。

3. 使产品获得消费者的信任和好感

产品详情页中的详细描述为消费者提供了了解产品的途径，特别是购买须知、买家评价和注意事项等从消费者角度来考虑问题的内容，会让消费者觉得店铺经营者是真心实意地为他们考虑，从而赢得消费者的信任和好感。

4. 引导消费者下单

当消费者被主图和产品标题吸引进店后，优秀的产品详情页内容能够让消费者快速找到可以满足他们需求的内容，甚至让有些原本没有购物动机的消费者认可产品，引起他们购买的欲望。

二、产品详情页的内容框架

产品详情页文案是对产品信息的表述，越全面越好，并且要详细描述消费者感兴趣的关键信息。卖家只有了解并熟悉产品详情页的框架，才能更好地编写内容，并策划每一板块的格局和需要展现的信息。通常来说，产品详情页文案通常由以下三个部分组成。

1. 图片

清晰直观的图片可以明确地展现产品的特点，其与文字一起构成产品详情页的内容。

（1）产品焦点图。产品焦点图一般比较精美，具有一定的视觉吸引力，用于吸引受众注意或推荐产品。产品焦点图通常位于产品详情页的前几屏。图5-2所示为某空调产品详情页的焦点图。

图5-2 某空调产品详情页焦点

产品焦点图还可出现在店铺首页，一般以图片组合轮播的形式出现，用于显示店铺的优惠信息或主推产品。图 5-3 所示为某护肤品店铺首页焦点轮播图。

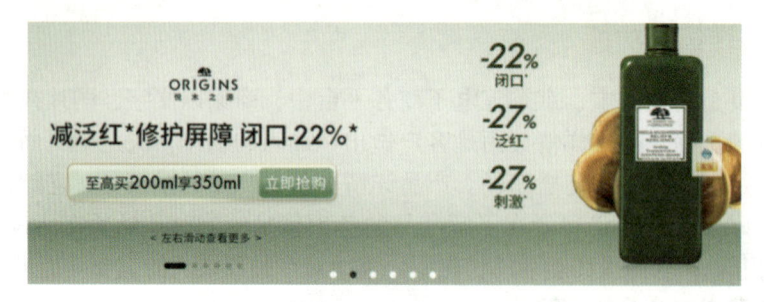

图 5-3　某护肤品店铺首页焦点轮播

（2）产品总体图。产品总体图是指能够展现产品全貌的图片，最好是能够完美展现产品信息的图片，如从正面、背面和侧面来展现产品的图片。图 5-4 所示为某款运动 T 恤的总体图。

图 5-4　某款运动 T 恤的总体图

（3）产品细节图。产品细节图是指表现产品局部的图片，在产品详情页文案中展示产品细节，不仅可以体现产品品质，还可以打消受众疑虑，让消费者对产品的品质更加放心。图 5-5 所示为某款包包的局部图解型细节图，图 5-6 所示为某款床的指示型细节图。

图 5-5　某款包包的局部图解型细节

项目五　产品文案写作

图 5-6　某款床的指示型细节

值得注意的是，产品细节图要求效果清晰、便于观看，最好能够使用高清摄像机近景拍摄，千万不能在产品总体图的基础上直接裁剪。

（4）产品功能及设计图。产品详情页文案大多是在介绍产品功能、材质和规格等，将这些信息作为卖点列出来，消费者就会更加全面地了解产品。例如，介绍电饭煲的功能，如快速烹饪、一键烹煮等，还可以展示电饭煲的配件、运行原理、内胆结构等，如图 5-7 所示。

图 5-7　某款电饭煲的产品功能及设计

如果产品功能比较单一，可以分别介绍该产品颜色、花色、香味、款式等详情，以供受众选择，如四件套、香氛、洗发水、口红等产品。

（5）操作演示图。有些产品详情页文案会介绍产品的操作示例和安装步骤等，视产品具体情况而定。图 5-8 所示的台灯的产品详情页就提供了安装步骤，让消费者能够快速掌握安装步骤及明了安装的简便快捷性；图 5-9 所示的洗面奶产品详情页中就提供了操作演

87

示图，详细展示了洗面奶的使用方法。

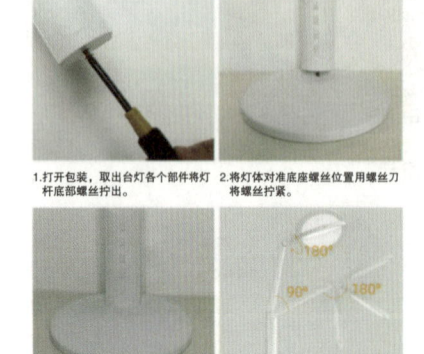

图 5-8 某款台灯安装步骤

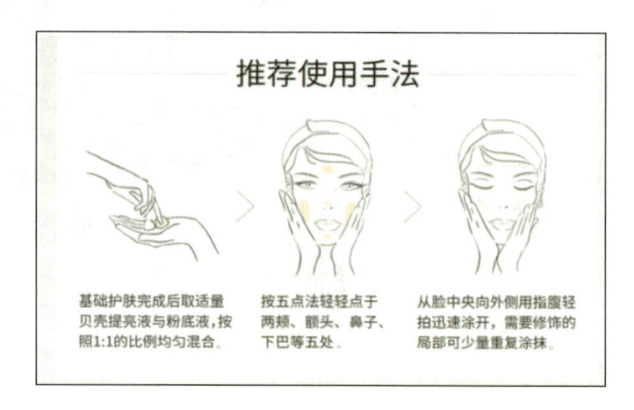

图 5-9 某护肤品操作演示

（6）产品场景图。产品场景图是指实拍图或在搭建的场景内拍摄的图片，能让产品以充满生活气息的方式呈现在消费者眼前，给消费者良好的视觉感受。特别是家具、服饰、鞋靴和箱包等生活类用品，最好能够提供场景图，图 5-10 所示为某书桌的使用场景。

图 5-10 某款书桌使用场景

2. 产品信息

产品信息是产品详情页文案的核心。产品详情页文案需要通过文字、图片元素，将产品的全貌、性能和特点等灵活且富有创造性地展现出来，并以此引起消费者的购买兴趣。一般而言，产品详情页文案的产品信息主要包括产品的材料、功能、类型及产品的使用说明，以及产品的性价比、优点、售后服务、品牌故事等信息。对于家电、家居等产品，创作者还要让消费者了解产品的使用寿命、保养技巧、物流等方面的信息。图 5-11 所示为某服装的设计信息。

项目五　产品文案写作

图 5-11　某服装产品设计信息

3. 其他因素

除了图片和产品信息外，产品详情页文案还可以展现产品销量、第三方评价、实体店情况、权威机构认证和关联推荐等。

（1）产品销量。产品如果在前期销售势头强劲，在同类产品中名列前茅，甚至销量远超同类产品，则可以直接在产品详情页文案中展示出来，如图 5-12 所示某款护眼灯登上热销榜第一，能够极大吸引消费者进行购买。

（2）第三方评价。第三方评价是指已购买某产品的消费者对其购物过程的评价。电商平台都提供消费者评价功能，商家也鼓励消费者将自己亲身经历的购物过程和对产品的使用感受发布到平台中，以供其他消费者参考与评估。图 5-13 所示为某品牌平板电脑产品详情页中展示的消费者评价。

图 5-12　某款护眼灯销量

图 5-13　某平板电脑产品详情页中消费者评价

（3）实体店情况。实体店情况是指商家实体店铺的规模、团队人员组成、技术分工和产品产地等方面的信息。一般而言，消费者对开设有实体店的商家抱有更高的信任度，因为能开设实体店意味着商家有一定的经营实力，其店铺有一定的经营规模。产品详情页文案可以展示商家的实体店情况，以作为其产品质量保障的依据。图5-14产品详情页文案展示了其装修雅致的实体店及其合作伙伴，向消费者证明了该品牌的实力。

（4）权威机构认证。许多消费者都对具有公众影响力的人或机构有一种不自觉的信赖和支持。在产品详情页文案中添加权威机构对产品的认证信息，或者名人对产品的认可或赞美，有助于增加产品的权威性，取得消费者的信任。图5-15所示为某护肤品产品的国家权威资质认证报告，该报告使得消费者对其产品较为信赖。

图5-14　某品牌产品详情页文案

图5-15　某护肤品产品详情页中展示的权威资质认证报告

（5）关联推荐。产品详情页文案中可以关联推荐一些同类产品或搭配套餐，以激发消费者的购买欲望，提高消费者的客单价。图5-16所示为某款手撕面包的产品详情页，它向消费者推荐了关联产品，感兴趣的消费者就可以通过相关链接购买关联产品。

图5-16　某手撕面包产品详情页中关联推荐

项目五　产品文案写作

三、产品详情页的写作技巧

产品详情页的构建方式和表达方式多种多样,要想写出有吸引力的产品详情页文案,不仅需要确定页面布局和写作方向,进行细节的描述和优化,还要掌握一定的技巧。

1. 紧贴网店定位

产品详情页文案一定要与网上店铺的定位相符,通过紧贴网上店铺定位来强调产品的优势与特色,才能打动消费者。图5-17所示为紧贴网店定位的产品详情页文案。该装饰画网店的定位是北欧风,所以在产品详情页文案中就抓住部分消费者对北欧风格的喜爱与向往,使用了一些文艺的词汇,体现出轻松惬意与自然舒缓的风格,这与许多都市人对生活品质的追求相契合。

图5-17　紧贴网店定位的产品详情页文案

2. 体现产品价值

产品价值分为产品的使用价值和附加价值两种,写作产品详情页文案时既要体现产品的使用价值,又要体现其附加价值。

(1) 使用价值。使用价值是产品的自然属性,任何物品要想成为产品都必须具有可供人类使用的价值,如粮食的使用价值是充饥,衣服的使用价值是御寒等。图5-18所示为某款洗洁精的产品详情页文案,很好地展现了洗洁精去污强的使用价值。

(2) 附加价值。产品详情页文案只体现产品的使用价值是不够的,文案创作者还应挖掘产品的附加价值,满足消费者的感性需求,赋予产品更加丰富的内涵。例如,护肤品的使用价值是保护皮肤,其附加价值是使使用者更加美丽动人,高档护肤品还能体现尊贵的身份,这些都是产品带来的附加价值。又如一款近视眼镜产品,它的

图5-18　展现使用价值的产品详情页文案

91

使用价值是为消费者解决近视问题，如果要挖掘该近视眼镜的附加价值，可以从对消费者外观的修饰来进行描述，如职业经理人戴上它显得更加干练，年轻人戴上它显得沉稳等。

3. 抓住消费者的痛点

痛点常常与消费者对产品或服务的期望没有被满足而造成的心理落差或不满密切相关，这种心理落差或不满最终会使消费者产生痛苦、烦恼等负面情绪。文案创作者在挖掘消费者的痛点时，可以站在消费者的角度，思考为什么要买这款产品，抓住他们购买这款产品时所关心的问题，如户外运动爱好者购买运动鞋要求产品舒适、防水和耐磨，宝妈消费群体购买母婴用品时要求产品是天然、环保和安全的。如果在写作产品详情页文案时能抓住消费者的痛点，就能得到消费者的认同，激发消费者的购买欲望。图5-19所示为某款蚊香产品详情页，很好地把消费者的痛点展露出来，并提出解决痛点的方案。

图5-19 抓住消费者痛点的产品详情页文案

4. 以情感打动受众

以情感打动受众就是通过"故事"来为产品添加附加价值，让受众更容易接受产品。无论是编写什么类型的产品文案，只要能够讲好这个故事，就能调动受众的情绪，让他们在浏览的过程中被潜移默化，认同产品的价值，最后促成购买。图5-20所示为不二食堂清油火锅料的产品详情页文案，以消费者的口吻讲述排队吃冒菜的经历，感慨"不如购买调料在家自己煮"，也很容易引发消费者的共鸣。

图5-20 以情感打动受众的产品详情页文案

5. 以逻辑引导消费者

优秀的产品详情页文案都有一定的逻辑顺序，全文会围绕产品的核心卖点来展开描述，并对卖点进行细分，从不同的角度切入展示产品。下面就是产品详情页文案的一般逻辑顺序。

（1）品牌介绍（也可放到最后）。

（2）焦点图（引起消费者的阅读兴趣）。

（3）目标消费群体说明，即卖给谁。

（4）场景图，用以激发消费者的潜在需求。

（5）产品详细介绍，以赢得消费者的信任。

（6）购买本产品的原因，即购买本产品会得到的好处。

（7）本产品能解决的痛点。

（8）同类型产品对比，包括价格、材质和价值等。

（9）第三方评价，以增强消费者的信任。

（10）产品的附加价值体现（最好通过图文搭配的形式来体现）。

（11）使用本产品后的效果呈现。

（12）为消费者寻找购买的理由，如自己使用、送父母、送恋人或送朋友等。

（13）号召消费者购买，为消费者做决定。

（14）购物须知，包括邮费、发货和退换货说明等。

（15）关联推荐产品信息。

6. 手法多样

如果只有卖家自己的描述，可能会让受众觉得是"王婆卖瓜自卖自夸"，而单一的描述方法也会让受众产生审美疲劳。解决这个问题的方法有以下三种：

（1）对比的运用。产品的质量、材质和服务等都可以作为对比的对象，卖家应该从受众关心的角度出发，对可能引起受众关注的问题进行对比分析，从侧面突出产品自身的优点。如服装类的产品可从做工、面料、厚薄、质地等方面来进行对比，食品类产品可从其产地、包装、密封性、新鲜程度、加工和储存等方面进行比较。图 5-21 所示为荔枝的详情页对比文案，通过对比，突出了产品的新鲜。

（2）背景颜色的运用。不同颜色的背景会给受众不同的心理感受，卖家要了解各种颜色所对应的感情色彩和色系，根据自身店铺、产品和促销活动等特点来确定选择哪一种颜色的背景。卖家要注意的是，背景颜色不能太过花哨，最好不要使用太多的颜色来进行搭配，要保证背景看起来协调且符合大众的审美。产品图片也可通过背景的搭配来提升其气质。产品背景有以下三种搭配方法：

事物点缀：通过其他事物来衬托所出售的产品，可以是一朵花、一支笔或一把椅子，重点是能突出产品，但不能有喧宾夺主的感觉。例如一套餐具的产品图，就可以使用花朵、食物等来进行点缀，使产品图片的效果更加美观达到吸引受众的

图 5-21　农产品的对比文案

目的，如图 5-22 所示。

纯色背景：纯色的背景可以使画面整体风格统一，突出产品本身。对于颜色较为丰富或靓丽的产品，建议使用纯色背景。某些高品质的服装也可以使用纯色背景，例如白色背景墙，就很能展现产品的风貌，如图 5-23 所示。

图 5-22　事物点缀

图 5-23　纯色背景

参照物：对于一些需要明确产品尺寸的产品，可通过参照物来进行对比，以突出产品的特点。例如抱枕、沙发可以以人为参照物进行对比，包包可以以书本或手机等为参照物比照大小，书本以硬币为参照物衡量厚薄，如图 5-24 所示。

可容纳物品
☑ 手机　☑ 钱包　☑ 化妆品　☑ 7.9英寸平板等

图 5-24　参照物

（3）搭配与组合。通过与其他产品的搭配组合，不仅可以让产品自身的效果更加美观，还能在无形之中推销其他的产品，为店铺带来更多的转化率。

项目五 产品文案写作

任务实践

为美颜相机写作产品详情页文案

任务目的

本次任务的主要目的是通过写作美颜相机产品详情页文案,让学生掌握产品详情页文案的写作方法,提升学生对美颜拍摄技术的了解和应用,锻炼学生的创意文案写作能力,并培养学生对产品卖点的挖掘能力和展现能力。

任务背景

近年来,美颜拍摄应用程序的市场规模持续扩大,随着智能手机的普及和自拍文化的盛行,用户对美颜拍摄的需求不断增长。美颜相机就是美颜拍摄技术应用的典型代表。某品牌有一款美颜相机,如图 5-25 所示,其产品信息如下,现为其设计产品详情页文案。

- 5 000 万像素,记忆清晰可见。
- 美颜滤镜,内置多种创意滤镜,可自由创作。
- 4K 高清录像,美拍记录生活。
- 内置闪光灯,AF 自动对焦,拍摄细节更清晰。
- 16 倍数码变焦,将视界拉近 16 倍。
- 电子防抖,拍摄更顺手。
- 多色可选,界面简洁,操作方便,包含多种风格,如复古、时尚等。
- 内置大续航电池,有效减少电池频繁插拔导致相机各种问题。
- 2.88 寸高清屏,卡片相机,OTG 转接头,可定时拍照。

图 5-25 美颜相机

任务要求

(1)文案主题:文案需围绕美颜相机的产品信息,对其进行卖点提炼,筛选出核心卖点。确定卖点的表现形式和风格。

(2)创意表达:鼓励采用富有创意和想象力的表达方式,使文案更具吸引力和真实性。

(3)文案结构:采用三段式写作法对产品详情页进行制作。

(4)图文结合:文案应配以高质量的图片或短视频,展示美颜相机的卖点和功能,提升视觉效果。

任务实施

(1)使用九宫格思考法为产品提炼的卖点,从中筛选出 4 个核心卖点:5 000 万像素、4K 高清录像、AF 自动对焦、卡片相机。

(2)设置产品标题。为了让产品能被更多的消费者搜索到,电商文案创作者需要先提炼关键词。根据产品的基本属性,可知"卡片相机""随身复古小型""数码照相机""高清"等词都是标题中可使用的关键词,然后对其进行优化组合。设置好的产品标题为"ccd 数码照相机高清旅游入门学生相机女款随身复古小型卡片相机"。

（3）写作产品详情页文案第一段。使用一句话概括性地介绍产品，考虑到产品卡片相机、5 000 万像素的特点能符合消费者使用美颜相机的最基本需求，因此开头的文案可以设置为"新一代学生卡片机，5 000 万像素，自带美颜滤镜"，然后搭配精致的产品图片，如图 5-26 焦点图所示。紧接开头可以对产品卖点进行销售话术精要浓缩，以供消费者查看，全面了解产品，如图 5-27 所示。

图 5-26　焦点图　　　　　　　　　　图 5-27　卖点浓缩

（4）写作产品详情页文案第二段。在第二段逐一介绍产品的四个核心卖点，可以将产品放置在具体的场景中，带动消费者想象产品的使用场景，以及使用产品的好处，如图 5-28 所示。

图 5-28　产品详情页文案第二段

（5）写作产品详情页文案第三段。在第三段可以展示品牌的生产研发实力、消费者对该产品的好评、常见问题解答、售后政策及权威机构的认证证书，如图 5-29 所示，以进一步表现该产品品质出色、售后有保障，促使消费者放心购买。

图 5-29　产品详情页文案第三段

项目五　产品文案写作

任务评价

根据以上任务实践的完成情况，填写任务评价表 5-1。

表 5-1　美颜相机产品详情页写作任务评价表

评价项目	评价内容	分数	评价说明	自我评价	小组评价	教师评价
任务实施（60分）	产品详情页写作技巧	20 分	能够根据产品特性，运用恰当的产品详情页写作技巧			
	产品详情页文案排版	20 分	能够根据产品特性，运用合适的排版方式，排版美观，做到图文搭配			
	产品标题设置	20 分	能够根据标题设置技巧组合出合适的产品标题			
工作技能（20分）	挖掘产品卖点并运用	10 分	能够根据所展示的图片和文字描述，挖掘产品的卖点并运用			
	文案运营情况	10 分	能够获取一定的点击、收藏、加购			
职业素养（20分）	认真严谨	10 分	认真查找资料，充分运用信息进行决策，优化决策			
	沟通表达	5 分	主动提出问题，快捷有效地明确任务需求			
	团队合作	5 分	快速地协助相关同学进行工作			
计分						
总分（按自我评价 30%、小组评价 30%、教师评价 40% 计算）						

任务二　产品海报文案写作

任务导入

茶颜悦色创立于 2013 年，是湖南长沙的原创中国风茶饮品牌，它对传统文化，如《海错图》元素、古典名家名画等的广泛运用，使品牌增添了非常明显的文化属性，以茶为依托展现了中国的大美，获得了广大年轻消费群体的认可。图 5-30 为其天猫旗

97

舰店的首页宣传图文案，完美地体现了其"新中式茶饮"的定位，让受众能够快速了解其品牌定位。一个好的电商海报文案应该具备什么要素呢？

图 5-30　首页宣传图文案

知识预备

海报以前主要是用于戏剧、电影等演出的广告，其以美观的设计吸引观众。如今海报的范围已不再局限于戏剧、电影演出的广告了，已经成为向消费者介绍有关产品、活动、公告等信息的招贴。在电子商务领域，产品海报文案主要用于介绍与宣传产品，其文案设计要符合产品的格调和目标消费群体的需求，并根据商业的诉求为商家的商业目标服务。

一、什么是产品海报文案

产品海报文案就是指海报中的文字，它是海报的主题，用来展示海报的设计意义，海报中的图像起着辅助表达的作用。

产品海报文案的主要信息包括主标题、副标题和描述信息（如产品细节描述、产品促销信息）等，有的海报还会添加装饰文案，一般为英文字符，并没有重要的实际意义，只用于美化海报。图 5-31 所示为一篇典型的用于宣传的产品海报文案，其标题为"HUAWEI Mate X3"，副标题为"领启时代"，描述内容中"轻薄如直板机""超可靠昆仑玻璃""超强灵犀通信"是产品的卖点，"建议零售价：￥12999 起"是产品的促销信息。

图 5-31　产品海报文案

项目五　产品文案写作

需要注意的是，产品海报文案不要求一定要包括主标题、副标题和描述信息，有的海报文案只有标题，有的海报则没有标题，只有描述信息。

二、产品海报文案排版

海报文案的排版设计是视觉传达的表现方式之一，通过版面的构成在第一时间吸引消费者的目光。海报文案要求设计者能够将图片、文字、色彩等要素进行完美结合，以恰当的形式向消费者展示产品的宣传信息。通常海报文案创作者在对海报文案进行排版时，可通过文字的对齐、对比及分组关系来进行设计。

1. 对齐

对齐是海报文案中最为基础的排版设计，包括左右对齐和居中对齐两大类。

（1）左右对齐。如果产品出现的位置是左右摆放的方式，那么文案可以靠左对齐，或者靠右对齐，将所有的文案自然而然地串联到一起，同时使产品与文案形成空间互补关系，给人以稳重、统一、工整的感觉。

左对齐：当产品居于海报的右侧时，可采用左对齐的方式给海报文案排版。这种对齐方式符合消费者从左往右看的浏览习惯，可以突出文案内容。当前常见的电商海报基本都采用左对齐方式。图 5-32 所示为左对齐的海报文案示例。

图 5-32　左对齐的产品海报文案

右对齐：当产品居于海报左侧时，可采用右对齐的方式给海报文案排版。采用这种对齐方式可以突出产品图片。图 5-33 所示为右对齐的海报文案示例。

图 5-33　右对齐的产品海报文案

（2）居中对齐。当产品在海报上居中摆放时，文案可以居中放置，这种排版方式会给人以正式、大气、高端、有品质的感觉。在电商海报文案中，居中排版的文案经常直接叠放在产品或模特上面，文案与产品营造出一前一后的层次感，再添加一些光效，还能提升整幅画面的空间感。图5-34所示为居中对齐的海报文案示例。

2. 对比

消费者通常都不喜欢看平淡无奇、千篇一律的东西，有对比的画面才能吸引他们的注意。在海报文案中，使用对比的排版技巧，可以有效地增强画面的视觉效果。对比的方式和内容很多，电商海报文案中最常见的对比方式就是字体大小和粗细的对比及文字的疏密对比。

图5-34 居中对齐的产品海报文案

（1）字体大小和粗细的对比。字体的大小和粗细对比，就是将海报文案中重要的内容放大加粗，与其他内容形成鲜明的对比。几乎所有的海报文案都会将主标题放大加粗，主标题是海报文案的焦点，一般是产品的标语、核心卖点等内容，起到瞬间吸引消费者关注的作用。对于其他需要进行强调的产品内容，同样可以通过调整字体的大小和粗细来突出显示，如产品的特点描述、产品的促销价格等。另外，有时候为了让对比更加明显，还可以降低小字部分的透明度，产生明暗对比。

总而言之，字体大小和粗细对比的运用既可以突出显示海报文案的主要内容、美化海报，又可以使海报文案的内容层次分明，便于消费者阅读，使消费者更容易理解海报文案内容所要表达的意图。图5-35所示为运用字体的大小和粗细对比的海报文案示例。

图5-35 运用字体大小和粗细对比的产品海报文案

（2）文字的疏密对比。字体的疏密对比方式在居中对齐的排列方式中经常使用。在使用字体的疏密对比方式时，需要注意字符的间距，字符的间距过大容易给消费者造成松垮的感觉。图5-36所示为运用文字疏密对比的海报文案示例。

项目五　产品文案写作

图 5-36　运用文字疏密对比的产品海报文案

3. 分组

如果一张海报上包含的文案信息太多，不加以整理的话就会显得杂乱无章毫无秩序，这时可以考虑将文案分组，将相同信息的文案放到一起，这样不仅可以使整个页面富有条理性，还会更加美观，利于消费者阅读。图 5-37 所示为运用分组排版的海报文案示例。

图 5-37　运用分组的产品海报文案

三、产品海报文案的写作技巧

作为将产品展示给消费者的直接方式，产品海报文案在很大程度上决定了产品海报传播的广度，好的产品海报文案能够在短时间内吸引消费者的目光。如果想让消费者了解文案能提供的价值，可以在文案中把消费者能得到的好处说清楚，这样消费者可以快速判断产品海报文案对自己是否有用，并决定是否关注其中展示的产品。下面对海报文案的常用写作技巧进行讲解。

1. 利益诉求

利益诉求是一种常用的海报文案写作技巧，是将所售产品的利益诉求直接明了地展示出来，细致刻画并着力渲染产品的质感、形态和功能用途，呈现产品精美的质地，给消费者以逼真的现实感，使其对海报文案所宣传的产品产生一种亲切感和信任感。这种手法直接将产品展现给消费者，所以画面上产品的组合和展示角度，应突出所售产品的品牌和产品本身最容易打动人心的部分，运用光影、颜色和背景进行烘托，将所售产品置于具有感染力的情境下，增强海报文案画面的视觉冲击力。图 5-38 所示的海报文案就通过"同等洁净，时间减半"

101

告诉消费者可以放心买这款洗衣机，体现了该洗衣机"快净洗"的利益诉求。

图 5-38 体现利益诉求海报文案

2. 合理夸张

合理夸张是指对产品海报文案中所宣传的产品品质或特性，在某个方面进行合理的夸张，可以加深消费者对产品特征的认识。这种手法能更加鲜明地强调产品的特征，揭示产品的使用价值。图 5-39 所示为某油漆品牌的海报文案，通过合理夸张"宝宝也能刷的漆"表现出油漆的环保，突出了产品的品质。

图 5-39 体现合理夸张海报文案

3. 突出特点

要想在同行业众多相似的产品海报文案中脱颖而出，在创作产品海报文案时，就需要抓住和强调产品或主题本身与众不同的特征，并把它们鲜明地表现出来，将这些特征置于海报页面的主要视觉部位，或对其进行烘托处理，使消费者能够立即感知到这些特征并引起视觉兴趣，达到刺激消费者购买的目的。图 5-40 所示的手机产品海报，通过"充电 5 分钟，通话 2 小时"的文案描述，突显出了产品充电快、续航久的卖点。

图 5-40 体现突出特点海报文案

4. 以情托物

以情托物指在表现手法上侧重于以感情烘托主题。产品海报文案可以借用美好的感情来烘托主题，只需真实而生动地反映这种美好的感情就能获得以情动人的效果，发挥艺术的感染力量，从而达到销售产品的目的。图5-41所示产品海报，通过"忽略妈妈做的早餐"的文案描述，表达出对妈妈的思念，以情动人，给消费者留下深刻印象。

5. 对比衬托

除了简单的文案字体对比外，产品海报文案中的对比衬托是将产品的性质和特点放在鲜明对照和直接对比中进行表现，借彼显此，互比互衬，借助对比所呈现的差别，达到集中、简洁、曲折变化的表现效果。通过这种方式，可以更鲜明地强调或揭示产品的性能和特点，给消费者留下深刻的视觉印象。图5-42所示的某款牛奶产品海报，将自身产品钙含量、蛋白含量、脂肪含量与国家标准做对比的文案描述，清晰地展现出了该款牛奶优质的产品品质，容易获得消费者信赖。

图5-41 以情托物海报文案　　图5-42 对比衬托的海报文案

6. 幽默诙谐

使用幽默诙谐的语言，引出需要宣传的产品或品牌，从而巧妙地展示产品的特点，赋予产品鲜明的个性，有利于消费者在轻松愉悦的氛围中主动阅读和接收产品的关键信息。图5-43所示为海尔家电发布的海报文案。

7. 引用权威

在海报文案中引用权威是体现产品特点和产品价值的有效方法，能增强产品的可靠性。图5-44所示为课程资料宣传海报，其文案首先使用数字表达产品的高效率，容易激发消费者的兴趣，然后引用权威推荐增加了产品的有效价值和可靠性。

图 5-43 体现幽默诙谐海报文案　　　　　图 5-44 体现引用权威的海报文案

任务实践

设计富有创意的中秋节海报宣传文案

任务目的

本次任务的主要目的是通过创作中秋节宣传海报文案,增强学生对传统文化和审美的理解,锻炼学生的创意文案写作能力,并通过各种媒体平台和店铺展示推广,体现传统文化之美。

任务背景

中秋节,又称祭月节、团圆节等,是我国的传统节日之一。由于我国传统历法将农历七月、八月、九月定为秋季,八月是秋季中间的一个月,而十五日又位于八月的中间,因此,人们将每年农历的八月十五称为"中秋节"。中秋节有许多的传统习俗,如赏月、吃月饼、点花灯等。

海尔作为我国实体经济的代表,布局智慧住居和产业互联网两大主赛道,以科技创新为全球用户定制智慧生活,助力经济社会高质量发展、可持续发展。临近中秋节,海尔准备发布一则关于海尔智家宣传海报文案,以提升其产品和品牌的知名度,助力产品的销售。

项目五　产品文案写作

任务要求

（1）文案主题：文案需围绕品牌的特点、理念、文化内涵等展开，结合中秋节元素，突出海报和品牌独特魅力及文化价值。

（2）创意表达：鼓励采用延伸联想的表达方式，如运用诗词、典故、传统元素等，使文案更具个性和深度。

（3）图文结合：文案应配以高质量的图片，展现中秋节元素，结合品牌特色，提升视觉效果。

任务实施

（1）资料收集：学生需要收集关于品牌和中秋节的相关资料，包括品牌的特点、理念、文化内涵、中秋节元素等。

（2）文案策划：确定文案的主题和风格，构思文案内容和结构。

（3）文案撰写：根据策划方案，进行文案的具体撰写和编辑，并进行海报的制作完善。

（4）文案发布：将制作好的文案内容发布到社交平台和店铺，并进行运营。

文案举例

#中秋快乐#阴晴聚散"和美"时，月影叠"叠黛"生韵，如图5-45所示。

图5-45　中秋节海报

新媒体文案写作

任务评价

根据以上任务实践的完成情况，填写任务评价表 5-2。

表 5-2　海报宣传文案写作任务评价表

评价项目	评价内容	分数	评价说明	自我评价	小组评价	教师评价
任务实施（60分）	海报文案写作技巧	20分	能够根据产品特性，运用恰当的海报文案写作技巧			
	海报文案排版	20分	能够根据产品特性，运用合适的排版方式，排版美观，做到图文和谐，引人入胜			
	海报文案发布平台与时间	20分	能够根据文案内容选择恰当的社交平台和时间进行文案发布			
工作技能（20分）	挖掘产品卖点并结合中秋元素	10分	能够挖掘产品的卖点并融合中秋元素			
	文案运营情况	10分	能够获取一定的评论、点赞和转发量			
职业素养（20分）	认真严谨	10分	认真查找资料，充分运用信息进行决策，优化决策			
	沟通表达	5分	主动提出问题，快捷有效地明确任务需求			
	团队合作	5分	快速地协助相关同学进行工作			
计分						
总分（按自我评价30%、小组评价30%、教师评价40%计算）						

项目五 产品文案写作

任务三 产品促销活动文案写作

任务导入

"6·18"是当前非常流行的网络大型促销购物节,在该购物节期间,许多电子商务平台和品牌会提供产品促销优惠,同时,还会发布宣传推广文案来吸引消费者购物。图5-46所示为天猫、京东发布的促销活动文案,这些文案是品牌推广商品、宣传活动的有力工具,能激发消费者参与购物节、购买商品的欲望。活动文案主要有哪些形式?不同的活动文案卖点应如何展现?

图5-46 "6·18"促销海报文案

知识预备

产品促销活动是指向消费者宣传经营产品及所提供的有关服务信息,以激发消费者的购买欲望,促进产品销售的活动。产品促销活动文案就是为宣传产品促销活动而写作的文案,可以起到为活动宣传造势、向消费者精准传达活动信息、吸引消费者参与活动、促进产品销量等作用。由于产品促销活动一般都有一定的时间限制,宣传不到位会严重影响活动效益,因此电商文案人员必须重视产品促销活动文案,掌握产品促销活动文案的写作方法。

一、什么是产品促销活动文案

对于商家来说,举行促销活动是产品销售的重要手段,而产品促销活动文案对于促销活动效果有着不可忽视的影响。常见的产品促销活动常配合网上店铺重要事件(如开业、店庆）、季节变化、产品上新、社会风俗、节假日、话题事件等开展，并会结合一些促销手段，如错觉折价、舍小取大、积分享兑、到店有礼等。电商文案人员需要充分了解这些促销手段的特点，才能用文案突出相关活动信息，吸引消费者并达成活动目标。

产品促销活动中商家比较常用的促销手段主要包括价格折扣促销和奖品促销两大类。下面分别对价格折扣促销文案和奖品促销文案进行讲解。

1. 价格折扣促销文案

价格折扣是电商行业常用的一种促销方式，常见的价格折扣促销文案有降价打折、限时抢购、错觉折扣、临界价格。

（1）降价打折。无论是销售哪类产品的商家，降价和打折都是促销的基本方式。例如，"所有光顾本店购买产品的消费者满50元可减5元，还可以享受8折优惠"，这种先"满减"再打折的双重实惠，能够吸引更多的消费者进行消费。图5-47所示为常见的降价打折的促销文案。

图5-47　降价打折的促销文案

（2）限时抢购。限时抢购是利用限制时间的方式吸引消费者抢购低价产品。这种促销方式虽然会大幅降低产品的售价，却可以吸引更多的消费者，带来更多的商机。例如，"限时半小时，全场产品1折""24小时后恢复原价"等。图5-48所示为常见的限时抢购的促销文案。

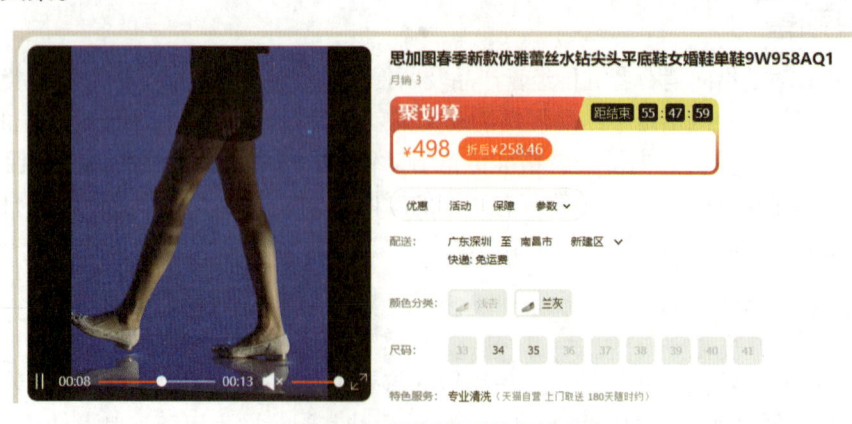

图5-48　限时抢购的促销文案

项目五　产品文案写作

（3）错觉折扣。错觉折扣是让消费者在享受折扣的同时，告诉消费者购买的不是折扣产品，而是商家给予的真实优惠。比如"产品原价150元，现全场8折120元"和"花120元买150元产品"的表达方式，虽然促销价格都是120元，但是给消费者的感觉却不一样。第一种是打8折后的产品价格为120元，会让消费者觉得产品本来就是120元；第二种折扣方式会让消费者会觉得花120元购买了150元的产品，节省了30元。相同的促销手段还有满减活动，如图5-49所示，当购物金额达到一定数额时，消费者就可得到相应的优惠。相对于直接折扣，错觉折扣可以同时满足消费者对商品品质和价格优惠的双重要求。

图 5-49　错觉折扣的促销文案

（4）临界价格。临界价格就是通过将产品的价格限定在某个能让消费者产生最大满意度的范围来完成交易，实现促销目标。一般来说，临界价格有最低价临界促销和最高价临界促销两种方式。

最低价临界促销：最低价临界促销以某个最低价格为限度，是一种非常适合新店或新产品的促销方式。例如，"春装上新单价最低69元""限时1元抢购""产品上新，全场最低5折"等。这种方式为某种产品设置了最低价格，以低价吸引消费者后，可以以连带销售的方式让消费者产生其他购买行为。

最高价临界促销：与最低价临界促销相反，最高价临界促销是以某个最高价格为限度的促销方式，消费者可以在最高价格内选购产品，如"全场88元封顶""产品特价区最高168元"，另外还有一种应用广泛的方式，即将价格设置为比整数价格少一点的小数，如将100元的产品定价为99.9元。

2. 奖品促销文案

奖品促销也是电商行业常用的一种促销方式，通常以向消费者赠送奖品的方式给予消费者优惠。目前常见的奖品促销有以下五种方式：

（1）进店有礼。这种方式主要是为了增加流量，如"进店领券"，凡是进店者均可领取不同金额的代金券。"进店有礼"促销活动面向的消费者多，且没有门槛要求，因此应用十分广泛。图5-50所示为常见的"进店有礼"促销文案。

109

图 5-50　进店有礼促销文案

（2）定额赠送。即使不是电商促销节日，各大电商平台也随处可见"买二送一""买一送一"之类的促销标语，这类定额赠送的赠品往往价值较高，对消费者有很大的吸引力。图 5-51 所示为常见的定额赠送促销文案。

有时商家赠送的礼品不一定是本产品，而是该产品的相关产品，如买奶粉送勺子、买铅笔送卷笔刀等。虽然赠品的价值不高，但往往是消费者所关注或需要的，能够让消费者感受到商家的诚意，从而对商家产生好感。

（3）积分抽奖。不管是实体商家还是网店商家，都喜欢使用积分抽奖的促销方式。只要消费者达到一定的消费金额，就能兑换一定的积分，通过积分就能参与抽奖或兑换礼物。积分抽奖会让消费者产生实惠的心理，让他们愿意一直光顾店铺以积累积分，从而给店铺带来创收的机会。除此之外，消费者享受积分抽奖服务的前提是成为网店会员，这无疑促进了网店的粉丝积累，有利于网店的新品推广与销售。图 5-52 所示为常见的积分抽奖促销文案。

图 5-51　定额赠送促销文案　　　　图 5-52　积分抽奖促销文案

（4）百分之百中奖。这种方式是将折扣换成抽奖，且百分之百中奖，迎合了消费者讨"好彩头"的心理，同时落到实处的利益也让消费者得到了物质上的满足。

（5）加量不加价。这种方式常用于饮料、食品等小包装产品的促销。同样的口味，加量但不加价，对消费者有不小的吸引力。

二、产品促销活动文案的写作要求

产品促销活动文案要充分发挥作用，就需要突出活动信息。有些电商文案人员会将其与产品促销活动方案混淆，实际上，两者具有较大差别。产品促销活动方案是为了确保活动顺利开展而被要求事先制定的方案，其内容包括活动目的、活动时间、活动地点、预期效果、预算及活动方法等，是对活动全方位的规划。产品促销活动文案的内容则更为简洁。即便是篇幅较长、内容较详细的产品促销活动文案，其写法也不与产品促销活动方案相同，不会涉及活动预算与预期效果等内容。通常产品促销活动文案的写作可以参考以下要求：

1. 精准传递活动信息

活动信息主要指活动的时限、地点、要求、规则等，可简要介绍，但需注意的是，针对线下具体门店的活动，必须说明地址，若针对网店，则可以忽略地址。

2. 紧扣主题

产品促销活动文案要有具体的活动内容，如抽奖、折扣、清仓等，电商文案人员在写作时要紧扣主题，同时要突出优惠力度。

3. 创意文字

优秀的文案内容、独特新奇的字体设计都可以提升文案的吸引力，提升文案的分享魅力，吸引消费者的注意力。

产品促销活动文案的写法并无统一的规范，可以是一句简单的活动口号或标语，也可以是篇幅较长的活动信息。

三、产品促销活动文案的写作技巧

电商文案人员应根据促销活动的主题和促销手段来写作产品促销活动文案，通常可以利用以下三个写作技巧：

1. 文案标题使用高频词组合

写作产品促销活动文案的主要目标是促进产品销售、获取利润。文案标题太直白，消费者会反感；标题太隐晦，又往往达不到曝光效果。经总结发现，在不同产品的促销活动文案中，总是有一些内容是相同的、经常出现的，这些就是高频词。在文案标题中使用高频词能起到吸引消费者、提高转化率的作用。

产品促销活动文案标题中常用的高频词有以下六种。

（1）免费。文案标题中一旦出现"免费赠送""免费品尝""第二件免费"等内容其促销产品的销量通常都不会太差。

（2）省钱。如果促销产品可以帮助消费者省钱，只要在文案标题中突出显示节省的金额，通常就会吸引消费者更多的关注，如前面介绍的错觉折价促销手段，通常会直接向消费者展示节省的金额。

（3）好处。大多数产品都会有自己的不足之处。因此，产品促销活动文案的标题中要尽量引导消费者将注意力集中在好处上，以最大限度地减少产品缺点所带来的销售限制。

（4）健康。随着消费者对身体健康的关注度日益提高，越来越多的产品促销活动文案也开始与健康挂钩，注重展示产品的健康成分，以此吸引消费者的关注。图5-53所示某款铅笔的促销活动文案，其中有"无铅毒"等与健康相关的词，展示了铅笔的安全性，有利于获得消费者的信任。

（5）保障/保证。电商平台上购物的消费者无法接触实物，不能获得真实的使用感受。如果产品促销活动文案能够为消费者提供某种保障或保证，如该产品安全健康、产品实物与描述相符等，就容易获得消费者的信任，促成交易。图5-54所示为某款绿萝的产品促销活动文案，既有产品促销信息，又向消费者承诺了"包养活破损包赔"，其优质的售后服务及品质保障能够打消消费者购物的疑虑。

图5-53　利用健康类高频词　　　　图5-54　提供保障

（6）操作简单。现在很多产品的功能越来越全面，操作也越来越复杂。对于习惯简单生活的消费者来说，包含"您只需轻轻一摁……""全自动……"等词语的产品促销活动文案标题更容易吸引其关注。

2. 善用字体设置

产品促销活动文案表达主题的载体主要是文本，电商文案人员可以通过设置字体格式、文本方向和标点符号等起到吸引消费者关注、强调内容的目的。为文本设置不同的格式能够使文案内容的层次更清晰，让突出显示的文本富有表现力。

3. 结合情感诉求

情感诉求对消费者的购买行为有很大的影响，产品促销活动文案在表明价格优惠的同

项目五 产品文案写作

时还可结合情感诉求。充满情感的文案可以充分调动消费者的情绪,刺激消费者产生购买行为。例如,家装节的促销可上升至"家的温暖",以调动消费者的情感;家居网店产品的促销,则可以利用"房子是租的,生活是自己的"等理念,抓住消费者对归属感的追求等。尤其是某些节日,被赋予了情感主题,在该节日期间的促销活动,就要紧扣情感主题刺激消费者消费。如图 5-55 所示,某品牌的一组产品促销海报文案就借助父亲节的内涵,与消费者进行情感交流,并让消费者能够产生情感共鸣,使品牌在消费者心里成为有温度的品牌。

图 5-55 结合情感诉求

任务实践

设计产品促销活动文案

任务目的

本次任务的主要目的是通过创作产品促销活动文案,增强学生对陶瓷文化的理解,锻炼学生的创意文案写作能力,并通过各种媒体平台和店铺展示推广,体现瓷器之美并助力店铺营销。

任务背景

陶瓷是陶器与瓷器的统称,是我国的一种工艺美术品,质高形美,具有高度的艺术价值。远在新石器时代,我国已有风格粗犷、朴实的彩陶和黑陶。后来,胎质坚实的瓷器在陶器基础上发展起来,成为我国对外交流的重要商品,并经由丝绸之路销往海外各地,在世界引起重大影响,为我国带来"瓷国"的美称。陶瓷的精美和广泛使用,使其至今仍受

113

到人们的喜爱。

江西省景德镇市是我国著名的瓷器产区，景德镇瓷器为中国国家地理标志产品，某天猫旗舰店的陶瓷器就产自此地。"双12"就要到了，网店计划于12月10日晚8点开启"双12"促销活动。活动内容为，对一款热销茶具开展降价促销，原价279元，活动价为159元，同时店铺满减活动为消费每满299元减30元。图5-56为产品图片展示。

图5-56 产品图片展示

任务要求

（1）文案主题：文案需围绕陶瓷的特点、工艺、设计理念、文化内涵等展开，突出其独特魅力和文化价值，同时必须体现出活动力度，对消费者做出购买引导。

（2）创意表达：鼓励采用富有创意和想象力的表达方式，使文案更具深度。

（3）文案结构：采用左右分布式布局的活动海报促销文案。

（4）图文结合：文案应配以高质量的图片，展示陶瓷的整体效果，突出活动力度，提升视觉效果。

任务实施

（1）资料收集：学生需要收集关于陶瓷的相关资料，包括特点、设计理念、文化内涵等。

（2）文案策划：确定文案的主题和风格，构思文案内容和结构。

（3）文案撰写：根据策划方案，进行文案撰写和编辑，并进行海报的制作完善。

（4）文案发布：将制作好的文案内容发布到社交平台和店铺，并进行运营。

项目五　产品文案写作

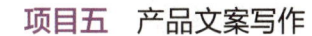

文案举例

如图 5-57 所示。

图 5-57　陶瓷促销文案

任务评价

根据以上任务实践的完成情况，填写任务评价表 5-3。

表 5-3　促销活动海报文案写作任务评价表

评价项目	评价内容	分数	评价说明	自我评价	小组评价	教师评价
任务实施（60分）	促销活动文案写作技巧	20 分	能够根据产品特性，运用恰当的促销活动文案写作技巧			
	促销活动文案排版	20 分	能够根据产品特性，运用合适的排版方式，排版美观，做到图文和谐			
	文案发布平台与时间	20 分	能够根据文案内容选择恰当的社交平台和时间进行文案发布			
工作技能（20分）	挖掘产品促销信息和卖点	10 分	能够挖掘产品促销信息和卖点并结合			
	文案运营情况	10 分	能够获取一定的评论、点赞和转发量			
职业素养（20分）	认真严谨	10 分	认真查找资料，充分运用信息进行决策，优化决策			
	沟通表达	5 分	主动提出问题，快捷有效地明确任务需求			
	团队合作	5 分	快速地协助相关同学进行工作			
计分						
总分（按自我评价 30%、小组评价 30%、教师评价 40% 计算）						

115

自我检测

一、知识巩固

（1）产品详情页文案的写作技巧有哪些？
（2）进行产品海报文案排版时，可以通过哪些方面来进行设计？
（3）常见的促销活动手段有哪些？
（4）产品促销活动文案的写作技巧有哪些？

二、实训任务

（1）某网店推出了一款保温杯（见图5-58），容量为500ml或1 200ml，内胆采用316不锈钢材质，杯盖内置智能芯片和LED高清显示屏，能实时显示杯内液体温度；保温杯还设计了硅胶密封圈，可以防漏、防水；杯身采用不锈钢双层抽真空和真空侧镀铜技术，能够阻隔温度传导，进而实现保温。此外，该保温杯还获得了权威机构的认证证书。请为保温杯写作产品详情页文案。

（2）某家居商要做一个促销降价活动，原木餐桌（见图5-59）原价2599元，现降价1 699元，共计300套。活动时间为5月1日至5月3日，请为它设计一款海报促销文案，要求体现活动的力度、紧张感，并给出明确的购买引导。

图5-58　保温杯产品　　　　图5-59　原木餐桌产品

项目小结

好的产品文案就像一把锋利的刀，让消费者忍不住"剁手"。不同的产品文案具有不一样的功能，撰写方法也有所不同。要想写出有影响力的产品文案，文案创作者要根据产品和店铺定位，洞察消费者的需求，不断优化各部分文案。本项目对新媒体时代下常见的产品文案的写作方法和技巧进行了阐述，帮助电商文案人员通过撰写产品文案实现产品销售的目标。现将本项目重点内容总结如下：

项目五　产品文案写作

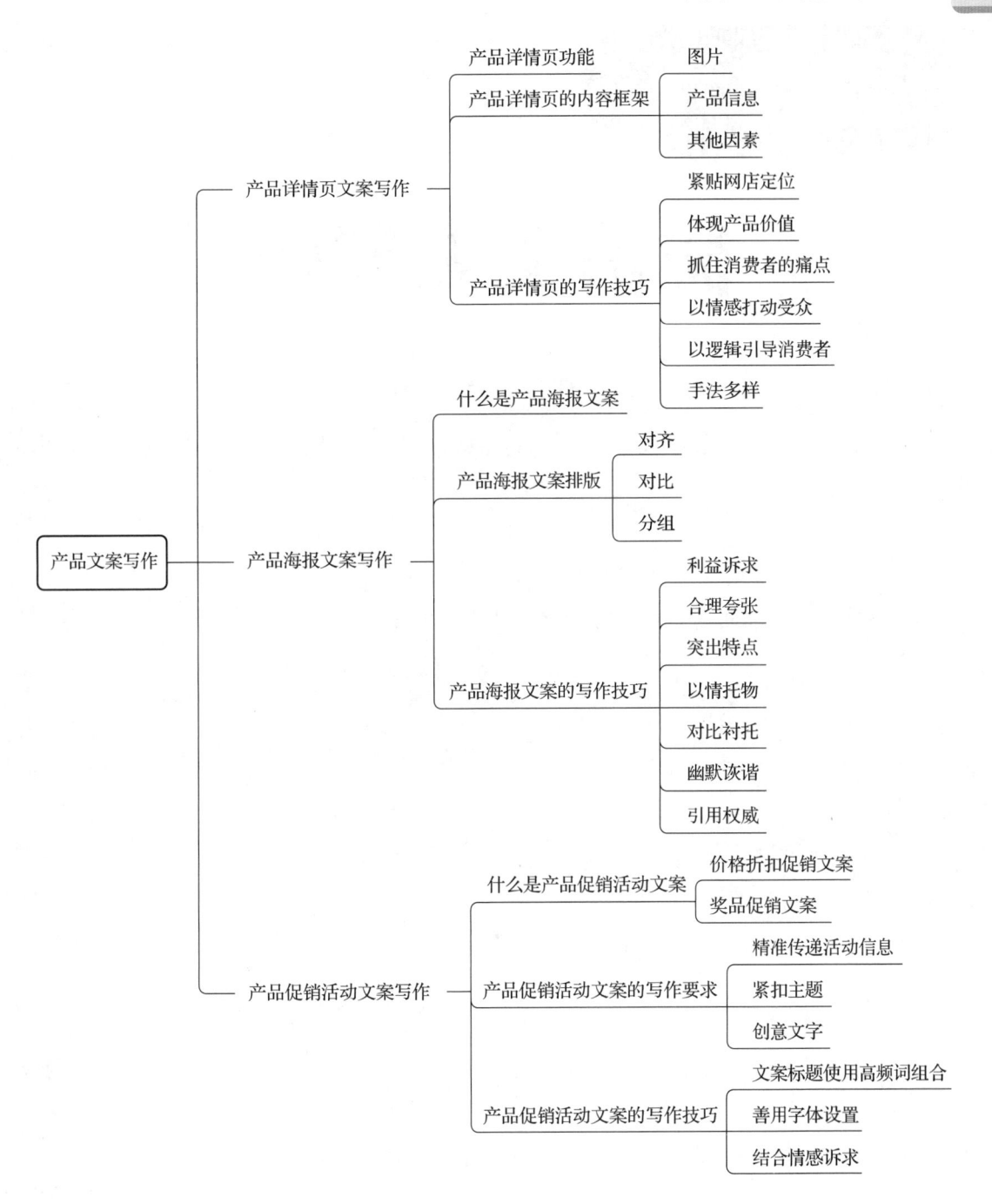

```
产品文案写作
├── 产品详情页文案写作
│   ├── 产品详情页功能
│   ├── 产品详情页的内容框架
│   │   ├── 图片
│   │   ├── 产品信息
│   │   └── 其他因素
│   └── 产品详情页的写作技巧
│       ├── 紧贴网店定位
│       ├── 体现产品价值
│       ├── 抓住消费者的痛点
│       ├── 以情感打动受众
│       ├── 以逻辑引导消费者
│       └── 手法多样
├── 产品海报文案写作
│   ├── 什么是产品海报文案
│   ├── 产品海报文案排版
│   │   ├── 对齐
│   │   ├── 对比
│   │   └── 分组
│   └── 产品海报文案的写作技巧
│       ├── 利益诉求
│       ├── 合理夸张
│       ├── 突出特点
│       ├── 以情托物
│       ├── 对比衬托
│       ├── 幽默诙谐
│       └── 引用权威
└── 产品促销活动文案写作
    ├── 什么是产品促销活动文案
    │   ├── 价格折扣促销文案
    │   └── 奖品促销文案
    ├── 产品促销活动文案的写作要求
    │   ├── 精准传递活动信息
    │   ├── 紧扣主题
    │   └── 创意文字
    └── 产品促销活动文案的写作技巧
        ├── 文案标题使用高频词组合
        ├── 善用字体设置
        └── 结合情感诉求
```

117

项目六

微信文案创作

【项目导入】

作为"国民 App"的微信，截至 2022 年 12 月，用户人数已达 12 亿，按我国人口 14 亿计算，微信的覆盖率已经超过 85%。由此可见微信在我们的生活中扮演着非常重要的角色。如今的微信不仅仅是社交软件，更是兼具娱乐、办公、购物与支付等多功能于一体的软件。微信的高用户数量也使它成为移动电商时代最佳的营销选择。

本项目将带领同学们了解微信文案，掌握微信文案的创作方法，掌握微信朋友圈和公众号文案的创作技巧以及对应的排版和发布技巧。

【知识目标】

1. 了解微信文案在电子商务中的作用。
2. 了解微信文案的主要表现形式。
3. 掌握微信文案的创作方法。

【技能目标】

1. 掌握微信朋友圈和公众号文案的创作技巧。
2. 掌握微信文案的排版和发布。

【素养目标】

培养学生的自主学习能力、思考能力、实操能力和团队合作意识。

项目六　微信文案创作

任务一　了解微信营销文案

任务导入

　　STILL WALKIG 步履不停，是杭州比海更深服饰有限公司的公众号平台，自我定位是一家还算有趣的服装淘宝店。下面是一篇让无数网友拍手称赞的成功文案。如图6-1所示。

　　当你写 PPT 时，阿拉斯加的鳕鱼正跃出水面；
　　当你看报表时，梅里雪山的金丝猴刚好爬上树尖；
　　当你挤进地铁时，西藏的山鹰一直盘旋云端；
　　你在会议中吵架时，尼泊尔的背包客一起端起酒杯坐在火堆旁。
　　有一些穿高跟鞋走不到的路，
　　有一些喷着香水闻不到的空气，
　　有一些在写字楼里永远遇不见的人。
　　出去走走才会发现，
　　外面有不一样的世界不一样的你。

图6-1　步履不停广告文案

　　分析：图6-1中公众号文案有何独特之处？为什么能够获得众多网友赞许？

119

新媒体文案写作

知识预备

一、微信文案在电子商务中的作用

微信文案是微信营销的主要表现形式，无论是在朋友圈发送营销广告，利用订阅号、公众号等方式进行软文营销，利用"用户签名档"广告位做宣传，还是利用微信的社交功能进行普通的互动和沟通，这些都离不开文案作为信息交流的基本载体。微信可以通过其社交属性，形成裂变式营销。例如：某个电商的文案，有 10 万人阅读，其中有 1 万人转发。假设每个人有 100 个好友，那么就有 100 万人看到该文章，另外，好友的好友在阅读完该文章以后也可能会进行转发，那么就又会产生裂变式营销的效果。这也就是为什么那些热门的文章能达到百万甚至千万阅读量的原因。这与病毒式营销的模式类似，最主要就是利用了微信的庞大用户基数以及它良好的社交功能。由此可见，微信在营销中可以起到非常重要的作用，那么微信文案的重要性也就显而易见了。

图 6-2 是支付宝的微信公众号文案，惊艳了不少人。"山无棱，天地合，都不许取关！"这是关注支付宝公众号后弹出的自动回复。和常见的企业公众号画风完全相反，支付宝的微信公众号很少发正统的品牌公告，也很少给自家服务做硬广，而是把原本无趣生硬的品牌内容用年轻人喜欢的语言包装起来，比如标题"先别着急睡"打开后就只有一句话——"把明天的闹钟开开"。由于它的亲切和有趣，公众号快速吸引了很多关注，具备了"粉丝"属性。

图 6-2 支付宝公众号文案

微信文案是指通过微信对商品的概念和特点进行深度分析，通过文字、图片等元素进行表达的，能够进一步引导消费者进行消费的文章。在电子商务领域中，微信文案具有以下优势：

（1）主动接受，高精准度。在微博上，发了消息就能被所有人看见。但是微信不同，微信的受众一般是自己主动关注或添加账号，只有关注或添加了该账号的人才有可能看到发送的信息，而主动关注的人一般都是比较认可该账号的人，那么它的受众群体都是它的"粉丝"，这也使得微信的客户定位更加精准。

（2）高到达率。微信文案的到达率能在很大程度上决定推广的效果，与手机短信群发和邮件群发被大量过滤不同，微信公众账号所群发的每一条文案都能完整无误地到达客

户，到达率高达100%。

（3）高曝光率。曝光率是衡量信息发布效果的另外一个指标，微信作为一款即时通信工具，有许多提醒方式，如铃声、通知中心消息停驻、角标等，这都可以随时提醒用户收到了未阅读的信息或文案，也使得微信文案能拥有较高的曝光率。

（4）高信任度。微信的强社交属性不仅可以让商家直接与消费者进行交流，也能够回复消费者提出的问题。商家与客户之间形成的真实的、稳定的人际关系让消费者对于文案信息的内容更加信任，也更愿意表达和显露购买倾向和意见。这样获得的一手信息能够帮助商家更好地掌握消费者购买意愿，更有助于商家进行有针对性的营销。

（5）低成本。电商要维持店铺的正常运转与进行市场扩展，需要进行大量的有成本的营销活动与推广活动。微信拥有庞大的用户数量和强活跃度，加上推送消息免费，相比于其他营销方式，微信营销大大降低了商家的营销成本，也能节省一部分服务运营成本。

（6）高转化率。现如今消费者对生硬的广告普遍存在一种排斥心理，而微信文案可以较好地解决该问题。它可以用文字描述加上有感染力的图片或视频，或者用幽默的故事巧妙地引导"粉丝"，让"粉丝"自然地接受甚至主动寻求更多的内容，这很好地提高了消费者的接受度，同时也能提升店铺的转化率。另外，有些消费者看到感兴趣的内容还会主动分享到自己的朋友圈和微信群，这就形成了一个不断扩大且范围广泛的交流圈，能够吸引额外的消费群体。

小米手机的微信账号后台客服人员有9名，这9名员工最大作业量每天回复100万"粉丝"的留言，如图6-3所示。每天早上，当9名小米微信运营作业人员在电脑上翻开小米手机的微信账号后台，看到后台用户的留言，他们一天的作业也就开始了。其实小米自己开发的微信后台可以主动抓取关键字回复，但小米微信的客服人员仍会进行一对一的回复，小米也是通过这样的办法大大提升了用户的品牌忠诚度。当然，除此之外，微信做客服也给小米带来了实实在在的好处。小米相关负责人表示，微信一样使得小米的推广、CRM（客户管理系统）成本下降。小米做活动一般会群发短信100万条，便是4万元钱的本钱，微信客服互动的效果可见一斑。

图6-3　小米手机微信账号

二、微信文案的主要表现形式

微信文案的表现形式和微信推广的方式基本类似，微信文案通常可以通过朋友圈和公众号等方式进行营销推广。

1. 朋友圈

朋友圈是通过分享趣味性的内容、社会热点、个人感悟、咨询求助和专业知识等内容来进行营销的。这种微信营销文案的特点就是短，所以最好控制在6行以内，100个字左右，一天分享5~8条，合适的时间点是10：00—12：00、12：00—14：00、16：00—17：00、20：00—23：00（见图6-4）。

图6-4　朋友圈营销

2. 公众号

公众号包括订阅号和服务号。公众号一般是企业专职聘用的人员来运营，需要具有专业的文案策划与撰写能力。写作特点是内容尽量口语化，每句话不要太长，最好在20个字以内；如果文字太多，需要用逗号或顿号隔开；段落不能太长，一段5~7行最佳，且段落长短要有变化，不能让读者感到乏味（见图6-5）。

图6-5　海底捞的公众号文案营销

项目六　微信文案创作

　　由于微信文案中不能放置超链接，只在末尾有一个"添加原文链接"的超链接（见图6-6），其内容大多是企业或商家设置的广告或文案页面的链接。因此要保证文案的说服力与吸引力，让用户在读完内容后有点击文末的"阅读原文"的冲动，这样才能达到营销的目的。

图6-6　嵌入超链接阅读原文

三、微信文案的创作技巧

　　一篇好微信文案，不会极力说服他人接受，而是会有明确的目标，从全方位的立场出发，通过有吸引力的文案描述和图片刻画，逐步赢得消费者的接纳与信赖，然后提升自己的人气并营造互动氛围，最终吸引消费者下单，达到营销目的。下面对微信文案的常见写作方法进行介绍。

1. 核心扩展法

　　核心扩展法即先将核心观点单独列出来，再从能够体现观点的方方面面进行扩展讲述，使文案始终围绕一个中心来表述，以防出现偏题或杂乱无章的问题，加强文案对消费者的引导。

2. 各个击破法

　　各个击破法是指根据要营销推广的内容，将产品或服务的特点单独进行介绍。写作过程中要注意文字与图片的配合，对产品或服务的卖点进行充分介绍，通过详细的说明和亮眼的词汇来吸引消费者的注意，如图6-7所示。

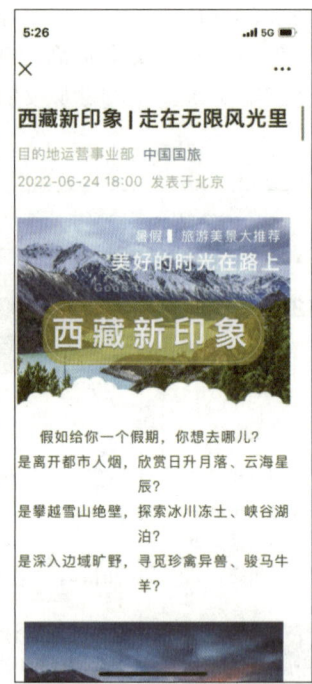

图 6-7　某旅游微信公众号发布的微信文案

3. 倒三角写法

采用倒三角写法，可以先将文案的精华部分进行浓缩，并放在第一段的位置引起消费者的阅读兴趣，然后解释为什么要看这篇文案，最后强调产品的优势，加深消费者的印象，如图 6-8 所示。

图 6-8　微信推广文案采用倒三角写法

项目六　微信文案创作

4. 故事引导法

故事引导法是通过讲述一个引人入胜的故事，让消费者充分融入故事情节中，跟着故事情节的发展阅读下去，在结尾时，再提出需要营销推广的对象。采用这种写作方法一定要保证故事的可读性和情节的合理性，才能使故事有看点，方便推广对象的植入。

图 6-9 是一篇"快看漫画"的软文营销，它便采用了故事引导法，吸引读者阅读，在文章最后展示了营销内容。这种软文可以看成是文字形式的软广告。微信软文通常都是通过商品或品牌的微信公众号进行分享，且主要是通过微信朋友圈进行转发和分享，这也是微信与微博最大的不同。微信中的好友大多是认识的朋友，或者是朋友的朋友，因此微信中的软文比微博中的软文更有可信度，当然，分享性、趣味性和价值感同样是微信软文的诱人之处。很多电商都会把微信营销文案写成软文的样式，因为软文更"软"，软文表面上看是供消费者阅读的文章，其实传达的是商品或品牌的内容，会吸引消费者的注意力，从而产生广告效果，达到营销的目的。

图 6-9　快看漫画微信软文营销——"对不起，我只过 1% 的生活"

任务实践

南昌秋水广场微信文案写作

任务目的

本次作业旨在通过撰写关于南昌秋水广场的微信文案，提升学生对地方文化和旅游宣传的理解与掌握，锻炼学生的创意写作和文字表达能力，并通过社交媒体平台传播南昌秋水广场的魅力，吸引更多游客前来游览。

任务背景

南昌秋水广场位于江西省南昌市红谷滩新区，是一座以音乐喷泉为主题的综合性休闲广场。广场内的音乐喷泉表演壮观震撼，吸引了大量游客前来观赏。此外，秋水广场

125

周围还有众多历史遗迹和美食小吃,是一个集观光、休闲、娱乐、美食于一体的旅游胜地。

任务要求

（1）文案主题：文案需围绕南昌秋水广场的特色、历史背景、文化内涵、旅游景点等方面展开，突出其独特魅力和旅游价值。

（2）创意表达：鼓励采用富有创意和吸引力的表达方式，如运用生动的描绘、富有想象力的语言等，使文案更具感染力和吸引力。

（3）图文并茂：文案应配以高质量的图片或短视频，展示南昌秋水广场的美景、活动、特色等，提升视觉效果。

（4）互动元素：文案中可包含互动元素，如提问、话题标签等，鼓励读者参与讨论和分享。

任务实施

（1）资料收集：学生需要收集关于南昌秋水广场的相关资料，包括历史背景、文化内涵、旅游景点介绍等。

（2）文案策划：确定文案的主题和风格，构思文案内容和结构。

（3）文案撰写：根据策划方案，进行文案的具体撰写和编辑。

（4）图片拍摄或选择：选择或拍摄能够展示南昌秋水广场特色的图片或短视频。

（5）文案发布：将文案和图片或短视频一同发布到微信朋友圈或公众号等平台，并鼓励朋友点赞、评论和转发。

文案举例

南昌秋水广场，音乐喷泉舞动夜色，邂逅一场光影盛宴！

当夜幕降临，南昌秋水广场的音乐喷泉准时开放。伴随着优美的旋律，喷泉翩翩起舞，水柱冲天而起，光影交错，仿佛将整个夜空点亮。

广场周围，历史遗迹与现代建筑交相辉映，诉说着南昌的千年故事。漫步其中，不仅可以领略到江南水乡的韵味，还能品味地道的江西美食。

快来南昌秋水广场，感受一场震撼视听的盛宴吧！无论是与家人共度美好时光，还是与朋友畅聊人生，这里都是绝佳的选择。

#南昌秋水广场 #音乐喷泉 #旅游胜地 #江西美景

点击链接，了解更多南昌秋水广场的精彩瞬间：[链接（略）]。期待与你一起探索这片美丽的土地！

项目六 微信文案创作

任务评价

根据以上任务实践的完成情况，填写任务评价表 6-1。

表 6-1 微信营销文案任务评价表

评价项目	评价内容	分数	评价说明	自我评价	小组评价	教师评价
任务实施（60分）	掌握基本的微信营销文案写作技巧	20分	掌握本节内容所学微信文案的重要性和基本写作技巧			
	分析微信文案运用技巧	20分	善于将所学书本知识运用到实际案例分析中			
	了解如何评价微信文案的成功	20分	从微信文案的阅读量、转发量和评论数以及大众知晓程度等方面进行考虑			
工作技能（20分）	查找资料信息	10分	善于利用互联网或者其他资源查找有效信息			
	分析成功之处	10分	善于思考总结			
职业素养（20分）	认真严谨	10分	认真查找资料，充分运用信息进行决策，优化决策			
	沟通表达	5分	主动提出问题，快捷有效地明确任务需求			
	团队合作	5分	快速地协助相关同学进行工作			
计分						
总分（按自我评价30%、小组评价30%、教师评价40%计算）						

新媒体文案写作

任务二　掌握微信朋友圈文案写作方法

任务导入

图 6-10 是农夫山泉的朋友圈广告，广告发布后在网络平台引起了广泛关注，请同学们尝试分析该朋友圈文案好在哪里。

图 6-10　农夫山泉朋友圈广告

知识预备

一、朋友圈文案写作方法

利用微信进行营销，比较便捷和直接的方式就是朋友圈营销，对朋友圈进行精心经营，能为商品销售和品牌推广提供很大的帮助。接下来同学们要学习并掌握朋友圈营销文案的一些写作方法。

1. 分享开心

在朋友圈中分享一些网络或生活中令人开心的事情，增加自己在朋友圈的活跃度，加深微信好友的好印象，更有利于商品和品牌的营销推广，如图 6-11 所示。

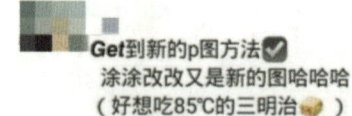

图 6-11　朋友圈分享开心

项目六 微信文案创作

2. 分享感受

每个人在成长过程中都会有一些感悟，用文字把自己的感悟描述出来，分享到朋友圈中。如果微信好友恰好也有类似的经历，将会唤起他们的共鸣，继而拉近双方的情感距离，增加商品或品牌营销的可能性，如图6-12所示。

图6-12 朋友圈分享感受

3. 分享热点

当下热门的话题、新闻、流行的东西都能满足人们永无止境的好奇心，将其收集整理并分享到朋友圈，会比较容易引起朋友们的关注，给他们带去新鲜感，同时他们也更容易关注你的商品和品牌，如图6-13所示。

图6-13 朋友圈分享热点

4. 分享生活

对于电商来说，朋友圈中的好友很多都是客户或者消费者，电商如果将商品的实际使用情况在朋友圈中进行分享，让这些客户或消费者在真实生活中了解和感受商品，更能给予他们购买商品的信心，如图6-14所示。

129

图 6-14 朋友圈分享生活

5. 加强互动

互动也是增进朋友关系的一种方式，通常可以直接在朋友圈中发表一些互动性比较强的话题，让朋友们都参与讨论。创造的话题最好比较新奇，要抓住热点，制造热点，基于价值，强势宣传。朋友圈互动的常用方式有两种，一是猜谜游戏，二是竞拍，如图 6-15 所示。

6. 分享商品信息

对于电商来说，最重要的还是推销商品，所以可以适当在朋友圈中晒一晒自己的发货情况，比如订单量、商品动态等，但是不能太频繁，一天中一到两次或两天一次为佳，这样的分享可以刺激一些潜在的消费者，另外也能让已经购买了商品的消费者看到消费的效果，发布这些信息的作用有时候等同于用户评价，如图 6-16 所示。

图 6-15 朋友圈互动

项目六　微信文案创作

图6-16　朋友圈分享商品信息

7. 分享消费者评价

电商在微信营销的过程中，也需要像在网络上销售商品一样，进行物流信息跟踪，当物流显示到达消费者手里面的时候，还需要消费者进行确认。而当消费者使用之后，电商通常需要消费者分享一下使用感受，或者要一些反馈图，这也是常用的一种营销方式。有时候，为了让消费者在朋友圈中分享使用感受，可以赠予他们一些赠品，赠品可以随消费者下次购买的时候一起邮寄过去，一举两得，如图6-17所示。

图6-17　朋友圈分享消费者评价

8. 分享专业知识

作为一个在朋友圈进行商品营销的电商，需要有非常专业的商品知识。在朋友圈中，毫无保留地分享专业知识，能帮助消费者解决一些实际的问题，或者增加你在他们心目中的专业度和可信度，为以后的销售打下坚实的基础，如图6-18所示。

图6-18　朋友圈分享专业知识

二、微信朋友圈文案的发布技巧

微信用户数量巨大、用户黏性高、使用频率密集等特点，为开拓微信营销市场提供了广阔的空间和可能。但是，微信文案写得再好，如果没有被更多的消费者看到，其推广效果也将大打折扣，为了提高微信文案推广效果，需要掌握必要的发布和推广技巧。

要想使微信朋友圈中的文案得到更好的传播，取得持续有效的营销效果，除了设计好的文案内容外，还需要掌握文案的发布时机，能让更多的好友看到文案，并通过好友互动，使文案内容形成二次传播。

1. 文案发布的时机

为了保证推广效果，可以分析目标用户在微信朋友圈的活跃时间，选择朋友圈被查看的高峰期进行推广。最佳发布时间通常是 8：00—9：30，11：30—13：00，17：00—18：30，20：00—24：00 这四个时间段，这是大多数人上下班途中或休息空闲时间，他们会在这些时间浏览微信朋友圈以消磨时间、分享信息。当然，每个行业的作息时间会有所差别，个人喜好的内容也不一样，针对不同的用户群，应对发布的时间进行调整。例如，7：00—9：00，21：00—23：00 是上班族使用手机最频繁的时间段，适合文案的发布；而学生族，则在周末使用手机最频繁。另外，移动购物的消费者的购买行为主要发生在周一至周五的 12：00—14：00、20：00—22：00，以及周日 20：00—24：00，因此，可在这些时段发布带有店铺链接的广告，但最好是短链接，如果发布的是长链接，手机屏幕较小，会影响内容的美观性。

2. 好友互动

微信营销效果的好与坏，在很大程度上取决于与微信好友的关系。建立关系需要经营，而最重要的经营方式就是互动，互动会让好友关系不断加强。微信好友互动主要包括日常互动、朋友圈互动和微信群互动。

日常互动：对于不太熟悉的好友，节日是最自然的互动时机，节日问候不会显得突兀，还能让对方觉得十分贴心。当然，问候信息不能使用群发模式，要带上称谓，用适当的风格和语句进行问候，才能形成友好的互动。在与微信好友互动交流的过程中，一定要保持礼貌。有时，也可提供一些售后访问、优惠活动等信息。此外，要注意保护微信好友的隐私，不能私自泄露给他人。有问题需要向对方咨询或与对方讨论时，尽量提前组织好语言，做好准备。在需要发送语音前，应提前问询对方是否方便。最后，表达谢意。

微信朋友圈互动：多发一些互动式的文案，多留问号，多给他人点赞，多评论他人的动态，都可以拉近彼此的距离，使其产生好感和信任。其中，美食、搞笑、养生是比较受欢迎的文案类型，但评论和点赞只有彼此互为好友才能看到，因此可以在回复好友的评论时，直接以评论的方式发布回复信息。

微信群互动：微信群互动是为了提高群成员的活跃度，多参与社群话题的讨论，可以增加与其他成员的熟悉度。另外，在群里要杜绝发布虚假、毫无价值的文案内容，否则容易引起用户的反感。微信群应慎用语音，尽量用文字进行表述。

三、微信文案的排版

如果微信文案给人的感觉简洁大气美观，会对消费者产生潜移默化的影响，微信文案也更容易引起消费者的关注。实际上微信文案本身就是一种商品，而排版就是商品的视觉传达。一般情况下，建议文案版面不要太花哨，字体颜色不要太鲜艳，文章字体颜色最好不超过三种，以淡色调为主；另外，排版要主次分明，结构层次清晰。

- 推荐比例——行间距一般为行高的50%。
- 文案的边缘要对齐，及时调整段落宽度、间距。
- 文案的字体控制在2~3种。
- 最好不要为文案添加视觉特效（特殊的商品除外）。
- 段首不必缩进，大段文字的段落间应空一行。
- 推荐同色系配色。
- 配图清晰，色彩要与文章整体情感搭配。
- 可以将字体、形状等需要强调的内容放大，适当地搭配相应色彩。

在创作微信营销文案时，可以使用一些常用的技巧、工具、网站或网址：

繁简切换：Ctrl+Shift+F

资料库：搜狗微信搜索

问卷调查：金数据、麦克

缩短网址/简化二维码：百度短网址

二维码生成：草料二维码

提高配色能力：Nippon colors、Adobe Color

网页编辑器：Day One、爱排版、秀米

小图标：ICONFINDER

插画：The Pattern Library

配图：Giphy、Giftparanoia、花瓣网、堆糖网

转换PDF格式：Smallpdf

去水印：美图秀秀

任务实践

国风裙微信朋友圈文案写作

任务目的

本次任务的主要目的是通过创作关于国风裙的微信朋友圈文案，增强学生对中国传统文化及服饰美的理解，锻炼学生的创意文案写作能力，并通过社交媒体平台展示和推广国风服饰文化。

任务背景

近年来,国风文化逐渐受到年轻人的追捧,国风服饰作为一种传统文化与现代审美结合的产物,受到了越来越多人的喜爱。微信朋友圈作为日常社交的重要平台,成为展示和推广国风裙的理想场所。

任务要求

(1)文案主题:文案需围绕国风裙的特点、设计理念、文化内涵等展开,突出其独特魅力和文化价值。

(2)创意表达:鼓励采用富有创意和想象力的表达方式,如运用诗词、典故、传统元素等,使文案更具个性和深度。

(3)图文结合:文案应配以高质量的图片或短视频,展示国风裙的细节和整体效果,提升视觉效果。

(4)互动元素:文案中可包含互动元素,如提问、话题标签等,鼓励朋友参与讨论和分享。

任务实施

(1)资料收集:学生需要收集关于国风裙的相关资料,包括设计灵感、文化内涵、历史背景等。

(2)文案策划:确定文案的主题和风格,构思文案内容和结构。

(3)文案撰写:根据策划方案,进行文案的具体撰写和编辑。

(4)图片拍摄或选择:选择或拍摄能够展示国风裙特色的图片或短视频。

(5)文案发布:将文案和图片或短视频一同发布到微信朋友圈,并鼓励朋友点赞、评论和转发。

文案举例

今日份国风穿搭,瞬间穿越千年时光

一步一莲花,这款国风裙简直是东方美学的完美诠释!细节之处流露出传统文化的韵味,仿佛听到千年的风声和低语。

轻盈的裙摆,如诗如画,每一步都如舞者在竹林中轻舞飞扬。而裙身上的刺绣,更是将古人的智慧和匠心独运展现得淋漓尽致。

穿上它,仿佛穿越了时空,与古时的佳人共舞。这不仅是一件衣服,更是一段历史的传承和文化的延续。

如果你也对国风文化感兴趣,或想要了解更多关于这款裙的故事,不妨点赞、评论和转发,与我一起分享这份东方美学的魅力吧!如图 6-19 所示。

#国风穿搭 #传统美学 #文化传承 #东方魅力

项目六　微信文案创作

图 6-19　国风上衣展示

任务评价

根据以上任务实践的完成情况，填写任务评价表 6-2。

表 6-2　微信朋友圈文案任务评价表

评价项目	评价内容	分数	评价说明	自我评价	小组评价	教师评价
任务实施（60分）	朋友圈文案写作技巧运用	20分	能够根据商品特性，运用恰当的朋友圈文案写作技巧			
	朋友圈文案排版	20分	能够根据商品特性，运用合适的排版方式，排版美观			
	朋友圈文案发布时间	20分	能够根据文案内容选择恰当的朋友圈文案发布时间			
工作技能（20分）	挖掘产品信息和卖点	10分	根据所展示的图片和文字描述，挖掘产品的卖点			
	获取互动数量	10分	能够获取一定的评论、点赞和转发量			
职业素养（20分）	认真严谨	10分	认真查找资料，充分运用信息进行决策，优化决策			
	沟通表达	5分	主动提出问题，快捷有效地明确任务需求			
	团队合作	5分	快速地协助相关同学进行工作			
计分						
总分（按自我评价30%、小组评价30%、教师评价40%计算）						

135

新媒体文案写作

任务三　掌握微信公众号文案写作方法

任务导入

图 6-20 是百雀羚的微信公众号文案，该文案发布后引起了众多网友的关注，但是百雀羚的商品销售额却并未提升很多，请同学们尝试分析原因。

图 6-20　百雀羚母亲节微信公众号广告——一九三一

知识预备

一、微信公众号文案的写作方法

首先，作为一个微信公众号，必须有吸引消费者的东西，通过标题把消费者吸引过来后，还需要用内容打动他们，否则消费者也不会停留太久。我们一起来学习微信公众号文案的写作。

（1）为内容增加图片和视频。对于商品营销文案，最好制作一些精美的图片，比如商品的细节图或场景图，让消费者对商品留下具体的印象。在时间和精力允许的情况下，还可以将几款主打商品做成精美的视频，如图 6-21 所示。

（2）有独特的个性风格。不管是内容的质量，还是图片、颜色，都需要用心创作，并形成自己的个性风格，不要随意设计和写作，这样会降低商品或品牌的档次。

（3）有定期的优惠活动。公众号的"粉丝"越多，销量转化的概率就越高，对于消费者来说，他们对公众号必然有一定的利益诉求。如果公众号中经常开展一些优惠活动，并对一些商品进行打折，"粉丝"的兴趣就会很高，会经常关注公众号信息。

（4）及时、认真回复每一条信息。关注经常发消息的消费者，这些消费者通常都比较活跃，他们更喜欢关注推广的商品，与他们进行交流，很容易获得一些对商品的反馈。

项目六 微信文案创作

图 6-21 某俱乐部的公众号

（5）公众号要设计规范、有层次。公众号的主界面一般是三个一级菜单，每个一级菜单下面可以设五个二级菜单。页面应该一一归类，千万不要做得杂乱无章。比如介绍商品、企业，归为一类；和"粉丝"互动交流，归为一类；购物帮助、提示，归为一类。否则，"粉丝"难以看懂这些菜单项，会觉得公众号内容很混乱，继而逐渐对公众号失去兴趣。奔驰的公众号如图 6-22 所示。

图 6-22 奔驰的公众号

137

（6）认真用心地写文案。微信公众号的最终目的是推广，在网络时代，消费者已经对纯广告性质（或没有什么实质内容）的文案产生了免疫力。所以，营销文案必须用心写，并提供一定的价值，通常文案中要有自己的观点和独到的见解，甚至能够引起消费者的共鸣。

（7）公众号文案的写作原则。好玩、有趣、见解独到，适合传播和分享，核心就是要"有内容"。内容不要"三俗"，不然对应的消费者层次也不会太高，要知道，品牌定位是什么，传递的内容是什么层次，吸引来的消费者就是什么层次。

二、微信公众号文案的推广技巧

高质量的文案是微信公众号营销的重要条件，要想获得更大的影响力，提升文案的推广效果，就需要提高微信公众号文案的推广技巧。

1. 要营造个人风格

文案技术的快速发展，信息的迅速传播，使人们更加注重流水线式的操作，以期用更快的速度将产品或服务推出市场，获取利益。网络媒体同样充斥着大量的复制粘贴。因此，将个人风格，个人的想法、状态等呈现给用户，或许能成为运营微信公众号的一大特色。微信公众号的文案除了机械化的语言文字，更应该适当插入嘘寒问暖的关怀，如近期天气酷热，应提醒大家要预防中暑，让消费者能感受到有人在关心他们，温暖他们的内心。另外，即使转载文案，也应该加入自己的看法和见解，并欢迎大家一起讨论，而不是单纯地转载一篇文案或人云亦云。

2. 内容要精准发布

高成交率来源于更精准的定位，内容精准发布是为了实现明确的定位，如内容给谁看，谁对我们的服务、产品或品牌感兴趣，谁有可能成为我们的用户。精准发布，就需要做到对症下药，将文案推广给合适的人。对症下药主要表现在两个方面：一是根据用户的风格类型对症下药，二是根据用户的关系对症下药。前者主要表现为根据用户的类型进行推广，如某一条广告比较幽默诙谐，包含了很多网络流行词汇，就可以设置给指定分组的年轻人群查看；后者主要表现为根据用户的关系深浅程度进行推荐，如刚结识的用户，可以推荐一些单价不高的产品，有了信任基础或交易记录的用户，则可以进一步推荐单价更高的产品等。此外，为了保证推广效果，还可以分析目标用户在微信朋友圈的活跃时间，选择其查看朋友圈的高峰期进行推广。

3. 互动提升用户参与感

吸引用户只是第一步，如果想要持续扩大影响力，还要用好的内容和互动把用户真正留住，将用户当作朋友来对待。对于微信公众号而言，关键词回复、问题搜集与反馈、评论等都是比较有效的互动方式。

关键词回复：在推送文章中提醒用户输入关键词进行回复，引导用户通过回复关键词主动了解内容，增加微信公众号的使用率，同时还可以在自动回复中加入一些惊喜，提高用户黏性。除了维护用户外，关键词回复也是吸引新用户的有效手段，当新用户阅读文案内容后，想要了解关键词的相关信息，就需要关注微信公众号。

问题搜集与反馈：在微信公众号中可以对一些用户感兴趣的问题进行搜集，增加用户的参与度，或者对用户反馈的问题进行解答，对产品的使用情况进行反馈，让用户与用户、用户与微信公众号之间产生互动。

评论：开通了留言功能的微信公众号（需要微信公众号开通一段时间后才能开通该功能），评论区留言与回复就是微信公众号与用户互动的有效途径。很多用户在阅读推送内容时，还会阅读评论区的内容，因此，微信公众号可以在评论区进行互动，或者在评论区自评，鼓励用户进行转发分享。

三、快速增加微信图文信息转发数量的方法

1. 内容定位

优先考虑"粉丝"喜欢什么内容，内容定位比涨粉更重要，做好内容等于做好推广。独一无二的内容，具有稀缺价值的内容，具有争议性的内容等远比思考如何获取粉丝重要。稀缺价值的内容能引发用户分享收藏，争议性的内容会引发用户激烈参与，独一无二的内容会引发用户持续关注。

2. 内容标题

无论是主动推送的图文，还是别人转发的图文，基本上第一眼只能看到标题。如果标题不够吸引人，那么直接结果就是点击率太低。如果连被点开的机会都没有，怎么让别人成为你的"粉丝"？

注：微信订阅号页面只显示题目的前 13 个字，所以切记：不要让无关紧要的标题占据了你那 13 个字的黄金位置！

3. 封面图片

大图片建议尺寸：360 像素 ×200 像素，比例失调或过大或小都会造成图片上传的时候被压缩变形。什么样的首图点击率会更高呢？大家可以多关注几个微信公众号，看看哪些图片容易吸引人，哪些图片自己都不愿意点开。

4. 添加摘要（仅限单图文）

单图文才可以选择添加摘要，多图文没有摘要。摘要是什么呢？摘要是首图下面的一段引导性文字。当你在单图文编辑模式下，没有选择添加摘要，微信就会默认把你正文的前面几句文字拿出来当摘要显示。强烈建议人工写好微信摘要，否则会出现"粉丝"看了前三行文字，还是不知道这条内容想说什么，这样的图文就会影响点击和转发。

5. 紧跟热点

热点营销其实就是一种"借势营销"，是指企业及时抓住广受关注的社会新闻、事件以及人物的明星效应等，结合企业或产品在传播上达到一定高度而展开的一系列相关活动。

生活中缺乏的并不是热点，而是发掘热点的人。借助热点事件，来为自己的产品做推广、做营销。

（1）找热点常用工具：百度搜索风云榜、微博搜索热搜榜。

（2）比如一些可以预测的节日、假期、特殊时段、季节、赛事可能会引发讨论，这类

常规热点的优点在于能够事先知道，做好规划和准备，但弊端是大家都在研究同一件事，从中脱颖而出的难度系数就增加了。

（3）突发热点几乎可以囊括非常规热点之外的一切不曾预料的话题和事件，可以是时政新闻、娱乐花边、某种语体、无厘头的趣味，等等。

6. 添加原文链接

在增加微信图文信息时，微信信息中没有办法放超链接，尾部有一个链接"添加原文链接"，只有在"阅读原文"可以放上超链接，通过"阅读原文"可以给企业手机网站或图文信息增加浏览量。可以理解为给用户推荐相关内容，方便用户找到他所需的知识。

7. 尾部引导语

一般在这个页脚之前都会有一小段非常有煽动性的话，让你更有转发欲望，这段话也是非常值得斟酌的。示例如下：

（1）【分享】"最自私的行为是无私"。当你将有价值的信息，传递给身边的朋友时，你在他们的心里会变得更有价值。点击右上角"..."按钮就可以分享到"朋友圈"。

（2）当你觉得本文对你有启发时，请点击右上角"..."按钮，分享给更多的朋友，分享越多，收获越多。

8. 提醒回复关键词

（1）如何提高微信订阅号活跃度？不发整篇文章，而是一句有吸引力的描述，让用户回复文字，获取文章，只要看到的人80%都会回复。这个方法至少坚持一周，培养用户打开、互动的习惯，前提是先准备优质内容，账号是有料的。

（2）在发微信图文信息时，在文章尾部加几句提醒，"回复关键词再给您看N篇文章"，这是一个很重要的技巧。

9. 每个月汇总上一个月经典图文

可以群发一条纯文字信息，引导用户阅读这一个月精彩文章。

10. 扩展宣传渠道

每个网络渠道都有一定的人群，例如一部分人最经常玩的是微博、QQ群、邮件等，需要在多渠道第一时间通知你的用户，你的微信公众号已经更新某篇内容。

任务实践

海昏侯遗址公园微信公众号文案写作

任务目的

本次作业旨在通过微信公众号文案的写作练习，提升学生对文化遗产保护和传播的理解，锻炼学生的文字表达能力和创意策划能力，同时加深对海昏侯遗址公园文化内涵的认识。

项目六 微信文案创作

任务背景

海昏侯遗址公园是近年来国内备受瞩目的文化遗产景区，它不仅承载着丰富的历史文化信息，也是公众了解中国古代历史和文化的重要窗口。随着微信公众号的普及，通过公众号推广文化遗产、增强公众对遗址的认知和保护意识显得尤为重要。

任务要求

（1）文案内容：文案内容应围绕海昏侯遗址公园的历史文化、景区特色、活动信息等展开，强调其历史价值、文化意义以及游览体验。

（2）形式创意：鼓励采用多种形式的文案，如图文结合、短视频脚本、互动问答等，以吸引读者并提升阅读体验。

（3）语言风格：语言应准确、生动、富有感染力，既要保持专业性，也要兼顾通俗易懂。

（4）原创性：文案需保证原创，不得抄袭或简单改编已有作品。

任务实施

（1）资料收集：学生需要收集关于海昏侯遗址公园的历史背景、文化特色、游客体验等相关资料。

（2）文案策划：确定文案的主题、形式和内容框架，进行创意构思和策划。

（3）文案撰写：根据策划方案，进行文案的具体撰写和编辑。

（4）文案发布：在老师指导下，将撰写完成的文案发布到海昏侯遗址公园的官方微信公众号上。

文案举例

标题：穿越千年，与海昏侯共话历史——海昏侯遗址公园邀您共赴文化之旅

正文：

您是否对古代侯爵的生活充满好奇？是否渴望穿越千年，与历史对话？海昏侯遗址公园带您走进那段辉煌的历史，感受那份厚重的文化。

海昏侯，是西汉时期的一位重要诸侯王，他的陵墓成为今天海昏侯遗址公园的核心。这里不仅有珍贵的文物展示，更有深度的历史文化解读。每一步行走，都是一次与历史的亲密接触。

近期，海昏侯遗址公园还推出了"探寻海昏侯宝藏"主题活动，让游客在互动中体验历史的魅力。更有专业讲解员带您深入了解海昏侯的传奇人生和文化遗产背后的故事。

快来加入我们，与海昏侯共话历史，感受那份千年的沧桑与辉煌！

结语：

海昏侯遗址公园，期待您的光临，让我们共同探索那段尘封的历史，传承那份不灭的文化。

任务评价

根据以上任务实践的完成情况，填写任务评价表 6-3。

表 6-3　微信公众号文案任务评价表

评价项目	评价内容	分数	评价说明	自我评价	小组评价	教师评价
任务实施（60分）	公众号文案写作技巧运用	20分	能够根据商品特性，运用恰当的公众号文案写作技巧			
	公众号文案排版	20分	能够合理运用公众号排版方式，排版美观			
	公众号文案发布时间	20分	能够根据文案内容选择恰当的公众号文案发布时间			
工作技能（20分）	挖掘产品信息和卖点	10分	根据所展示的图片和文字描述，挖掘产品的卖点			
	获取互动数量	10分	能够获取一定的评论、点赞和转发量			
职业素养（20分）	认真严谨	10分	认真查找资料，充分运用信息进行决策，优化决策			
	沟通表达	5分	主动提出问题，快捷有效地明确任务需求			
	团队合作	5分	快速地协助相关同学进行工作			
计分						
总分（按自我评价30%、小组评价30%、教师评价40%计算）						

项目六 微信文案创作

自我检测

1. 知识巩固
（1）微信文案在电商中的地位如何？
（2）微信文案有哪些优势？
（3）微信文案的主要表现形式有哪些？
（4）微信文案的有哪几种写作方法？
（5）微信朋友圈文案写作的方法有哪些？
（6）微信朋友圈文案的发布要注意什么？
（7）微信公众号文案写作要注意哪些要点？
（8）微信公众号文案的推广有什么技巧？

2. 实训任务

假设你作为公司文案人员，需要为一家低脂轻食餐厅"半城轻食"做推广文案，用于店铺的3周年庆。现在请你根据所掌握微信文案的配图和版式设计，选择合适的文案撰写角度，以及微信文案的一般写作方法，写作一篇朋友圈营销文案和一篇公众号营销文案。具体要求如下：

活动时间为3月10日—20日。

参与活动的用户必须关注店铺微信公众号"半城轻食"。

活动奖品包括价值59元蔬菜沙拉一份、价值99元单人轻食套餐和价值299元双人轻食套餐。

领奖人必须持有效信息到门店领奖并进行预约。

（具体内容可适当自主发挥）

参考商品图片如图6-23所示。

图6-23 餐厅菜品展示

项目小结

本项目对微信营销文案写作在电商中的重要性和主要表现形式做了展现，对朋友圈文案和公众号文案写作方法及发布技巧进行了训练。现将本项目重点内容总结如下：

新媒体文案写作

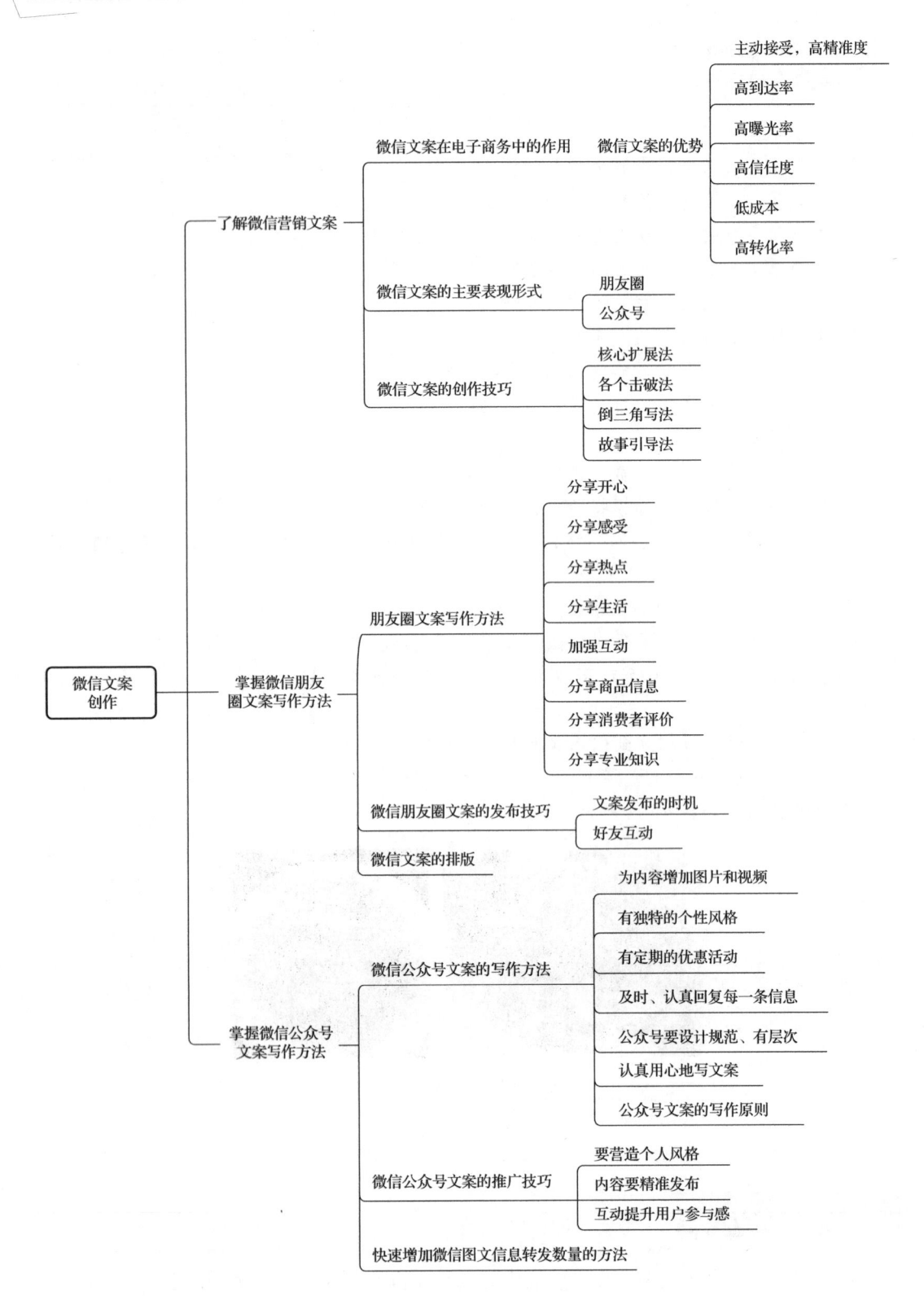

```
微信文案创作
├── 了解微信营销文案
│   ├── 微信文案在电子商务中的作用
│   │   └── 微信文案的优势
│   │       ├── 主动接受，高精准度
│   │       ├── 高到达率
│   │       ├── 高曝光率
│   │       ├── 高信任度
│   │       ├── 低成本
│   │       └── 高转化率
│   ├── 微信文案的主要表现形式
│   │   ├── 朋友圈
│   │   └── 公众号
│   └── 微信文案的创作技巧
│       ├── 核心扩展法
│       ├── 各个击破法
│       ├── 倒三角写法
│       └── 故事引导法
├── 掌握微信朋友圈文案写作方法
│   ├── 朋友圈文案写作方法
│   │   ├── 分享开心
│   │   ├── 分享感受
│   │   ├── 分享热点
│   │   ├── 分享生活
│   │   ├── 加强互动
│   │   ├── 分享商品信息
│   │   ├── 分享消费者评价
│   │   └── 分享专业知识
│   ├── 微信朋友圈文案的发布技巧
│   │   ├── 文案发布的时机
│   │   └── 好友互动
│   └── 微信文案的排版
└── 掌握微信公众号文案写作方法
    ├── 微信公众号文案的写作方法
    │   ├── 为内容增加图片和视频
    │   ├── 有独特的个性风格
    │   ├── 有定期的优惠活动
    │   ├── 及时、认真回复每一条信息
    │   ├── 公众号要设计规范、有层次
    │   ├── 认真用心地写文案
    │   └── 公众号文案的写作原则
    ├── 微信公众号文案的推广技巧
    │   ├── 要营造个人风格
    │   ├── 内容要精准发布
    │   └── 互动提升用户参与感
    └── 快速增加微信图文信息转发数量的方法
```

项目七

短视频、直播标题文案的创作

【项目导入】

在数字媒体时代，短视频和直播已成为人们获取信息和娱乐的主要方式之一。它们凭借直观、生动和互动性强的特点，迅速占领了市场，吸引了大量观众。然而，要想在众多的短视频和直播中脱颖而出，除了内容的质量外，文案的作用不可忽视。

在短视频和直播的世界里，文案的力量是无穷的。它能够点亮创意之火，让内容更加精彩、更有影响力。

【知识目标】

1. 了解短视频、直播标题文案在电子商务中的作用。
2. 了解短视频、直播标题文案的主要表现形式。
3. 掌握短视频、直播标题文案的创作方法。

【技能目标】

1. 掌握短视频、直播标题文案的创作技巧。
2. 掌握短视频、直播标题文案的排版和发布。

【素质目标】

培养学生的自主学习能力、思考能力、实操能力和团队合作意识。

任务一　短视频文案写作技巧

任务导入

在当今数字化时代,短视频已成为一种热门的媒体形式,吸引着亿万用户的关注。而在这个领域中,短视频文案的创作显得尤为重要。图7-1所示是一个好的短视频文案,能让视频点赞轻松突破百万。

图7-1　央视新闻短视频账号

知识预备

一、了解短视频与文案的结合

1. 什么是短视频文案

短视频文案是指在短视频中出现的文字内容,它可以配合视频画面进行文字解说,引导观众进行互动,加强视频意图表达,等等,是短视频制作中不可或缺的重要元素之一。

短视频文案的重要性在于它可以对视频产生很大的影响力。好的短视频文案可以让观众更好地理解视频内容,增强观众对视频的好感度和记忆度。短视频文案的作用还可以引导观众进行互动,例如让观众点赞、评论、分享等,从而扩大视频的传播范围,如图7-2所示。因此,在创作短视频文案时,我们需要充分考虑视频内容、受众人群和营销目标,以便实现最佳的传播效果。同时,我们还需不断关注市场动态和用户反馈,以不断创新和完善自己的写作技巧。

2. 明确目的与定位

在创作短视频文案之前，我们首先需要明确文案的目的和定位。目的是指我们希望通过短视频达到什么目标，可能是宣传品牌形象、推销产品或服务，或者是吸引"粉丝"关注等。而定位则是指我们的目标受众是谁，即向什么样的群体来传播我们的品牌或产品，比如年龄、性别、地域、兴趣等。

只有明确了目的和定位，我们才能更好地撰写出针对目标受众的短视频文案，达到更好的营销效果。因此，在开始撰写短视频文案之前，我们需要先深入研究我们的产品和目标受众，了解他们的需求和兴趣，以此为基础创作出具有吸引力和针对性的短视频文案。

图 7-2 达人账号

3. 把握短视频文案的结构

短视频文案虽然篇幅有限，但也需要有完整的结构。一个好的短视频文案需要包含以下四个部分：

（1）引入部分：这部分的目标是用简洁明了的语言吸引观众的注意力，引导他们继续看下去。常见的方法包括制造悬念、提出问题、使用有趣的口吻或幽默的语言等。例如，一个好的引入可以是一句令人好奇的话语，如："你知道吗？每天一个小习惯可以让你更健康！"或者："这些你从未听说过的创意家居神器，让你的生活更加便捷！"这些内容旨在吸引观众的注意力并激发他们的兴趣，如图 7-3 所示。

（2）正文部分：这部分需要用简洁明了的语言传达品牌或产品的核心卖点，让观众对品牌或产品有足够的了解和认识。在撰写正文时，需要针对目标受众，尽可能符合他们的语言习惯和兴趣爱好。例如，如果目标受众是年轻人，那么你可以使用一些年轻人常用的语言和表达方式；如果目标受众是家庭主妇，那么你可以使用一些与家居生活相关的语言和表达方式，如图 7-4 所示。总之，你需要让观众感到亲近和可信。

图 7-3 食安中国问答式标题

图 7-4 令人亲近的文案

（3）结尾部分：这部分需要总结全文，再次强调品牌或产品的核心卖点，同时刺激观众的购买欲望。常见的方法包括使用口号、呼吁行动、强调优惠等。例如："现在就行动起来，让这些创意家居神器成为你生活的一部分！"或者："赶快来试试这些家居神器吧！让你的生活更加便捷！"等。如图7-5所示，这些内容旨在激发观众的购买欲望并促使他们行动起来。

（4）标签与话题部分：这部分需要添加与品牌或产品相关的标签和话题，以便在发布时能够更好地被观众发现和传播。在选择标签和话题时，你需要考虑它们是否与你的内容相关并且有一定的热度。例如，如果你的视频内容是关于旅游的，你可以添加一些与旅游相关的标签和话题，如"#旅游vlog""#旅行攻略"等。这些标签和话题可以让更多的人发现你的视频内容并与之产生共鸣。需要注意的是，标签和话题需要与视频内容相关且有一定的热度才能达到更好的效果。如果标签和话题太过冷门或者与视频内容不相关，观众可能无法通过标签和话题发现你的视频内容，从而影响其传播效果，如图7-6所示。

图7-5 强调核心卖点的视频结尾　　图7-6 视频结尾添加品牌相关的标签与话题

总的来说，一个好的短视频文案需要有完整的结构，包括引入、正文、结尾以及标签与话题四个部分。这些部分需要在有限的时间内尽可能有效地传达品牌或产品的核心卖点，并吸引观众的注意力。同时，标签和话题也需要与视频内容相关且有一定的热度才能达到更好的效果。

二、如何创作好的短视频文案

1. 注重文案的创意与情感共鸣

好的短视频文案需要具备创意和情感共鸣，才能真正触动用户的心灵，达到宣传品牌或产品的目的。创意是文案的灵魂，通过独特的视角和表现手法，让品牌或产品的特点更加突出，给用户留下深刻的印象。情感共鸣则需要把握用户的需求和情感，用细腻的描绘和温馨的话语，让用户对品牌或产品产生认同感和归属感。以下是一些实现创意和情感共鸣的实用技巧：

项目七　短视频、直播标题文案的创作

（1）利用场景：将品牌或产品融入日常生活场景中，让用户感觉亲切自然。例如，在拍摄化妆品短视频时，可以展示女性在日常生活中如何使用化妆品来呈现自然美丽的自己，这样的场景可以引发用户的共鸣，让用户更容易接受品牌或产品，如图7-7所示。

（2）利用故事：通过讲述一个有趣感人的故事来吸引用户的关注。例如，在拍摄手表品牌时，可以讲述一个关于珍惜时间的故事，让用户感受到手表的重要性和价值。这种故事情节可以让用户更容易理解品牌或产品的内涵和意义，如图7-8所示。

图7-7　利用场景的短视频文案 　　　　图7-8　利用故事的文案短视频

（3）利用音乐与画面：搭配适当的音乐和画面来营造氛围，让用户更容易被吸引和感染。例如，在拍摄食品时，可以使用诱人的音效和色彩搭配来营造出美食的氛围，让用户对食品的口感和品质产生更好的印象，如图7-9所示。

（4）利用幽默与趣味：通过幽默和趣味的表现手法来吸引用户的注意。例如，在拍摄健身器材时，可以使用幽默的语言和动作来展示健身器材的特点和使用方法，让用户感到轻松愉快，同时也能让用户更容易记住品牌或产品，如图7-10所示。

图7-9　利用音乐和画面的视频文案 　　　　图7-10　利用幽默与趣味的视频文案

新媒体文案写作

（5）利用互动与参与：通过与用户进行互动和参与来提高用户的参与度和黏性。例如，在拍摄手机应用程序时，可以让用户参与其中并使用应用程序完成一些任务，这样可以让用户更容易成为品牌的忠实"粉丝"并增加用户对品牌或产品的认知度，如图7-11所示。

2. 突出核心卖点与价值

在撰写短视频文案时，能否突出品牌或产品的核心卖点与价值至关重要。核心卖点是品牌或产品的独特之处，可视为其"卖点"；而价值则是品牌或产品能为用户带来的实际利益和好处，可视为其"买点"。因此，在创作短视频文案时，我们需要采用一些技巧来强调和突出这些核心卖点与价值。

首先，使用简洁明了的语言来概括品牌或产品的特点，让用户对它们有足够的认识和理解。避免使用含糊不清的词汇，而应使用具体形象的语言来描绘品牌或产品的实际特点，如图7-12所示。

图7-11 利用互动与参与的视频文案

其次，通过具体的数字和案例来展示品牌或产品的效果和优势。这有助于使用户产生更深刻的印象和信任感。数字可以强化品牌或产品的实际表现和品质，而案例则可以展示其在解决用户问题方面的实际效果，如图7-13所示。

图7-12 突出核心卖点的视频文案

图7-13 通过数字展示品牌优劣的视频文案

项目七　短视频、直播标题文案的创作

总之，在撰写短视频文案时，突出品牌或产品的核心卖点与价值至关重要。我们需要使用简洁明了的语言和具体的数字和案例来展示其特点和优势，以吸引用户的关注并激发他们的购买欲望。

3. 吸引人的标题和封面

观看短视频，首先映入眼帘的就是标题和封面。一个好的标题和封面，能在几秒钟内吸引用户的注意力，激发他们的好奇心，引导他们点击并观看你的视频。那么，如何才能制作出吸引人的标题和封面呢？以下是一些实用的技巧：

（1）把握关键词。标题和封面上应包含与视频内容相关的关键词，这样用户就能快速了解你的视频主题和内容。例如，如果你的视频是关于化妆品的，那么标题和封面上就应该出现相关的化妆品词汇。

（2）突出核心卖点。标题和封面上应突出你的品牌或产品的核心卖点，这样才能吸引用户的注意力。例如，如果你的品牌以高品质著称，那么可以在标题和封面上突出这个特点。

（3）加入情感元素。在标题和封面上加入情感元素，如情感诉求、幽默诙谐等，可以增加标题和封面的吸引力。例如，如果你的视频是关于宠物狗的，那么可以用一些温馨的亲情元素来吸引用户。

（4）激发好奇心。使用疑问句、反问句等句式，可以激发用户的好奇心和求知欲。如果你的视频是关于如何减肥的，那么可以使用"你真的知道怎么减肥吗？"这样的标题来吸引用户点击。

总之，要想制作出吸引人的标题和封面，需要结合视频内容，把握关键词，突出核心卖点，加入情感元素，并激发用户的好奇心。

4. 提高互动性的技巧

在短视频领域，互动性是衡量视频质量和效果的关键指标之一。提高互动性不仅可以增加用户的参与度，还可以提高用户的黏性和转化率。那么，如何提高短视频的互动性呢？以下是几个实用的技巧：

（1）采用问答形式。在视频中设置问答环节，引导用户进行思考并回答问题。这样可以增加用户的参与度和黏性，同时还可以提高视频的互动性和观赏性。

（2）利用话题挑战。发起与品牌或产品相关的话题挑战，邀请用户参与并分享到社交媒体上。这样可以扩大品牌的曝光度和社交媒体上的话题度，同时还可以增加用户的黏性和转化率。

（3）提供简单易用的制作工具或模板，鼓励用户自行创作并分享到社交媒体上。这样不仅可以增加用户的参与度和创造力，还可以提高品牌的影响力和在社交媒体上的曝光度。

（4）与网红或意见领袖合作，邀请他们参与视频并分享到社交媒体上。这样可以扩大品牌的影响力和社交媒体上的话题度，同时还可以增加用户的黏性和转化率。

5. 遵守平台规则与法律法规

在创作短视频时，确保遵守平台规则和法律法规是每个创作者的责任。以下是一些必须遵守的规定：

（1）尊重知识产权。首先，要确保不侵犯他人的专利、商标和版权等知识产权。这包括不使用未经授权的音乐、图片或视频素材。

（2）遵守广告法。在发布广告时，确保内容真实合法，不发布虚假广告、违法广告。遵守相关法律法规，以诚信为本。

（3）符合社会道德。确保内容符合社会道德标准，不发布低俗、恶搞等违反社会道德的内容。尊重他人，保持良好的网络环境。

（4）熟悉平台规则。在发布前，务必了解所使用平台的规则和要求。这包括视频时长、文件大小、内容标签等细节。

（5）遵循平台规定，避免触犯平台规则导致不必要的麻烦。

任务实践

为赣南脐橙写作短视频文案

任务目的

本次任务旨在通过针对"赣南脐橙"的短视频文案写作，提升学生的产品推广与品牌宣传能力，同时增强对地方特色农产品的了解和认识。通过深入研究和创意表达，让学生将赣南脐橙的特点和优势有效传达给受众，促进产品的市场推广。

任务背景

赣南脐橙，作为江西省赣州市的特色农产品，以其色泽鲜艳、口感细腻、甜度高而著称。近年来，随着电商和社交媒体的快速发展，短视频成为农产品推广的重要渠道之一。因此，编写具有吸引力和感染力的短视频文案，对于提升赣南脐橙的品牌形象和市场份额具有重要意义。

任务要求

（1）深入了解赣南脐橙：研究赣南脐橙的历史背景、产地环境、品种特点、营养价值等方面的信息，确保文案内容准确、真实。

（2）创意文案编写：结合赣南脐橙的特点和受众需求，编写富有创意和吸引力的短视频文案，注重情感表达和故事叙述。

（3）短视频配合：文案应与短视频的画面、音效等元素紧密结合，形成统一协调的视觉效果。

（4）强调品牌与特色：在文案中突出赣南脐橙的品牌形象和特色，提升产品的知名度和美誉度。

任务实施

（1）信息收集：搜集关于赣南脐橙的相关资料和信息，进行整理和分析。

（2）创意策划：根据赣南脐橙的特点和受众需求，进行创意策划，确定文案的主题和

项目七 短视频、直播标题文案的创作

风格。

（3）文案编写：根据策划结果，编写短视频文案初稿，并进行反复修改和完善。

（4）短视频制作：配合文案内容，选择合适的画面、音效等元素，完成短视频的制作。

（5）成果展示：将完成的短视频进行展示，可以是线上平台发布或课堂展示。同时，进行小组间的互评和讨论，分享创作心得。

文案示例

赣南脐橙：大自然的甜蜜馈赠

[镜头一：金色脐橙挂满枝头]

旁白："在这片绿水青山之间，挂满了金黄的希望——赣南脐橙。"

[镜头二：脐橙的横切面特写]

旁白："看！果肉粒粒分明，果汁晶莹剔透，每一颗都是大自然的馈赠。"

[镜头三：果农与脐橙的亲密互动]

旁白："从播种到收获，每一颗脐橙都承载了果农的辛勤与汗水。"

[镜头四：脐橙装箱，准备发货]

旁白："每一个细节，都体现了我们对品质的坚持。新鲜采摘，严格筛选，只为给您最好的。"

[镜头五：消费者品尝脐橙，露出满足的笑容]

旁白："轻轻一剥，果汁四溢，甜蜜直抵心间。这是赣南脐橙给您带来的味蕾盛宴。"

[结尾]

旁白："赣南脐橙，不仅仅是一颗水果，更是一份来自大自然的甜蜜馈赠。这个冬天，让赣南脐橙为您的生活增添一抹甜意吧！"

这个例子以更加温馨、亲和的语调展现了赣南脐橙的魅力。通过果农与脐橙的互动，突出了果农的辛勤付出和对品质的执着追求；通过消费者品尝脐橙的满足表情，展现了脐橙带给人们的愉悦感受。整个文案风格温馨、感人，旨在引发观众的情感共鸣，提升对赣南脐橙的好感度和购买欲望。

任务评价

根据以上任务实践的完成情况,填写任务评价表 7-1。

表 7-1 短视频文案任务评价表

评价项目	评价内容	分数	评价说明	自我评价	小组评价	教师评价
任务实施（60分）	掌握基本的短视频营销文案写作技巧	20分	理解短视频文案的重要性并掌握本节所学的基本写作技巧			
	分析短视频文案运用技巧	20分	善于将所学书本知识运用到实际案例分析中			
	了解如何评价短视频文案的成功	20分	从短视频文案的阅读量、转发量和评论数以及大众知晓程度等方面进行考虑			
工作技能（20分）	查找资料信息	10分	善于利用互联网或者其他资源查找有效信息			
	分析成功之处	10分	善于思考总结			
职业素养（20分）	认真严谨	10分	认真查找资料,充分运用信息进行决策,优化决策			
	沟通表达	5分	主动提出问题,快捷有效地明确任务需求			
	团队合作	5分	快速地协助相关同学进行工作			
计分						
总分（按自我评价30%、小组评价30%、教师评价40%计算）						

项目七　短视频、直播标题文案的创作

任务二　短视频脚本写作技巧

任务导入

短视频脚本为整个制作过程提供了清晰、具体的指导，确保了视频内容的高质量、高效率和高一致性。它是创作者实现创意的重要工具，也是整个制作团队协同工作的关键依据。因此，在短视频制作中，重视和精心编写短视频脚本至关重要，如表7-2。

表7-2　《滁州攻略》第一期分镜头脚本

目的地：滁州影视城　　主题：来一场超越时空的邂逅！

镜号	景别	场景	画面内容	时间/s	拍摄方式	配音	备注
1	大全	影视城鸟瞰	壮观的中华千年大道与宫殿、1∶1狮身人面像、中华柱、希腊神庙等	3	无人机	你能猜到这是哪儿吗？	景点贴字标
2	远景	大门	蓝天白云、青山飞鸟、影视城正门	1	仰拍逐渐推近	—	避开门头
3	小全	大明宫	主角漫步拍照	1	镜头下摇	都说建筑是有温度、有情感的	
4	特写	大明宫内景	主角用手轻抚雕花假装与时空对话	2	平拍	手尖轻抚、驻足凝望	
5	特写	总统府	主角同一角度，用手轻抚总统府建筑	2	平拍	便能聆听来自另一个时空的对话	转场穿越感
6	小全+特写	风车桥	主角桥上漫步、拨弄风车等姿势	2	仰拍+平拍	听！就连风，也在诉说自己的故事	
7	小全	江南水乡玫瑰花海玻璃栈道	清雅的江南水乡热烈的玫瑰花海（不一定有花了）刺激的玻璃栈道	4	平拍	这样超越时空的胜地，你，喜欢吗？评论区说出你心中的打卡胜地，我将邀您下期一起前往	发布文案说明，选取点赞最高的打卡胜地

155

知识预备

一、短视频脚本的定义和作用

短视频脚本是指导短视频制作过程的详细规划，它包括故事情节、角色对话、镜头安排、动作细节等所有与视频内容相关的元素。一个优秀的短视频脚本能够使整个制作过程更加高效，提高视频的质量和观众的观看体验。

从专业角度来看，短视频脚本是制作短视频的基础和灵魂。它不仅提供了故事的整体框架，也明确了每个镜头的具体要求，为拍摄和后期制作提供了明确的指导。通过一个详细的脚本，团队成员可以更好地理解导演的意图和要求，减少沟通成本，避免误解和重复工作。

短视频脚本一般分为三种，分别是分镜头脚本、提纲脚本和文学脚本，每种脚本都有其特定的编写方式和应用场景。

1. 分镜头脚本

分镜头脚本是一种将视频内容分解为一系列镜头的脚本，每个镜头都有详细的描述和要求。分镜头脚本通常包括镜号、拍摄场地、拍摄时间、镜头时长、画面内容、角色动作、对白和拍摄要求等元素。这种脚本的目的是将整个视频制作过程细化为具体的镜头，以便于拍摄和后期制作，如表7-3~表7-5所示。

表7-3　表现人走路

镜头	景别	摄法、技巧	时间/s	画面内容
1	全景	固	3	白天，一个女孩在校道里拍照
2	全景	固	4	白天，另一个女孩向拍照的女孩走来
3	特写	固	5	白天，特写女孩的脚向拍照女孩里走去
4	近景	固	3	女孩脚步停下，两人在校道相遇

表7-4　表现一个人坐下

镜头	景别	摄法、技巧	时间/s	画面内容
1	中景到特写	固	4	白天，一女孩从九栋旁走来
2	特写	固	5	女孩停下脚步弯下腰捡起地下的紫荆花
3	全景	固	6	女孩拿着紫荆花坐下陷入沉思

表7-5　表现开关门的过程

镜头	景别	摄法、技巧	时间/s	画面内容
1	中景	固	6	白天，一个人走进镜头拿出钥匙准备开宿舍门
2	特写	固	5	特写手拿着钥匙开门的动作
3	中景	固	8	人走进宿舍并关上门

（1）镜号：镜头的序号，用于标识镜头的顺序。

（2）拍摄场地：镜头的拍摄地点，包括室内、室外、特殊场地等。

（3）拍摄时间：镜头的拍摄时间，包括白天、夜晚、晨昏等。

（4）镜头时长：每个镜头的预计时长，以秒为单位。

（5）画面内容：镜头中的画面元素和布局，包括人物、景物、道具等。

（6）角色动作：镜头中角色的动作和行为，如走动、坐下、举手等。

（7）对白：镜头中角色的对话内容。

（8）拍摄要求：对于每个镜头的特殊要求，如特殊效果、拍摄角度、光影效果等。

分镜头脚本的编写需要考虑到镜头的连续性和故事情节的发展，要注意不同镜头的逻辑性和衔接。在拍摄过程中，导演会根据分镜头脚本指导摄影师和其他制作人员完成每个镜头的拍摄工作。分镜头脚本是保证视频制作质量和效率的关键工具。

2. 提纲脚本

提纲脚本是一种相对简单的脚本，主要用于记录拍摄的要点和现场可能发生的过程和事件。提纲脚本通常包括主题、场景描述、人物动作和对话等元素，但不包含每个镜头的具体画面内容和时长。

（1）主题：视频的主要内容和目的。

（2）场景描述：拍摄的地点和环境描述。

（3）人物动作：视频中角色的主要动作和行为。

（4）对话：角色之间的对话内容。

（5）其他标注：针对视频的其他特殊要求和注解。

案例分析：抖音短视频脚本

抖音是一款备受欢迎的短视频平台，其成功的背后离不开一个个精心制作的短视频脚本。接下来，我们将分析一个抖音短视频脚本的案例，以展示脚本的关键要素和作用。

案例标题：轻松学习英语单词。

目标受众：青少年及英语学习者。

故事背景：通过动画形式，介绍英语单词的趣味记忆法。

主要角色：一位幽默风趣的英语老师（拟人化形象）。

故事情节：

开场镜头（镜头1）：老师出现在屏幕中，向观众打招呼并介绍主题。

关键知识点讲解（镜头2~4）：老师用生动有趣的方式解释单词的含义和用法。

趣味记忆法（镜头5~6）：通过创意联想或趣味的口诀帮助观众记忆单词。

实例演示（镜头7）：老师举出实际例句，进一步解释单词用法。

结尾（镜头8）：老师总结内容，鼓励观众在生活中运用所学单词，并告别观众。

每个镜头的具体描述包括：

镜头1：老师以欢快的语调向屏幕外的观众打招呼："嗨，同学们！欢迎来到趣味英语课堂！今天我们要学习一些有趣的英语单词！"画面中展示出活泼可爱的老师形象。

镜头2：切换到一个动画场景，老师指着屏幕上的单词并解释其含义："这个单词的意思是……"通过动画效果强调关键词汇。

镜头3：老师进一步解释单词的用法："在这个句子中，我们可以这样使用这个单词……"同时配合动画展示句子的语境。

镜头4：回到老师形象，他眨眨眼睛神秘地说："现在我要告诉你们一个记忆小秘诀！"画面切换至下一个场景。

镜头5：展示一连串创意联想或口诀，帮助记忆单词："记住哦，它是由……组成的，可以这样联想……"配合有趣的图像或动画效果加强记忆点。

镜头6：回到老师形象，他拍拍手说："好啦，现在让我们看一个例句来巩固一下！"画面切换至例句演示场景。

镜头7：老师指着屏幕上的例句并解释："就像我刚刚说的，这个单词可以这样使用……"同时通过动画效果突出关键词汇和句型结构。

镜头8：回到老师的全身镜头，他微笑着总结："希望这些方法能帮助你们更轻松地记住英语单词！记得在实际生活中运用它们哦！下期再见！"随着背景音乐渐弱，视频结束。

提纲脚本的编写相对简单，主要用于纪实拍摄和 vlog 制作等非故事性内容的记录。由于不涉及每个镜头的具体细节规划，提纲脚本更加注重对生活体验和观察的记录。在拍摄过程中，摄影师可以根据提纲脚本的指导，结合现场实际情况进行拍摄工作，以确保记录的内容与原计划相符合。提纲脚本可以帮助摄影师快速把握拍摄要点，提高拍摄效率。

3. 文学脚本

文学脚本是一种类似于小说或故事改编后的剧本脚本形式，它详细描述了每个镜头的场景和情节，可以像文学作品一样来欣赏。文学脚本通常包括场景描述、人物对话、动作和心理活动等元素，注重对情节和画面的呈现，如图 7-14 所示。

```
视频脚本4
结构镜头1：你天天遛完狗你是不是也是这样做的？（运动蒙版）（2秒）
    镜头2：跟拍遛狗（最好是大型狗拖着你跑）。（3秒）
    镜头3：主人一身汗背影进入浴室洗澡。（1~2秒）
    镜头4：主人出来闻一闻狗狗臭味，一脸嫌弃。（动作表情到位）（2秒）
    镜头5：给狗狗洗澡移动镜头。（2秒）
旁白：狗狗每天都要出去放风占地盘，特别是夏天天气炎热，每次回来狗狗都有味，你也出汗，你可以天天洗澡，但是狗狗不能，因为狗狗天天洗澡，轻则掉毛，重则各种皮肤病。那怎么办呢？（视频和旁白均可加速2~5镜头结合）
    镜头6：产品特写（要求动感镜头）。
    镜头7：可利用脚本3产品使用镜头。
旁白：这款是为宠物专门为设计的香水，可以有效地去除宠物的异味，使用方便、快捷，还不会影响狗狗的皮肤，号称宠物界的香奈儿。你还在等什么？赶紧来一瓶，就不会因狗狗的体臭而烦恼了。（10~13秒）
注意：镜头2~4的旁白和视频节奏；
    镜头6产品特写多角度；
    镜头6~7跟随旁白节奏；
    视频秒数能压缩尽量压缩，可加速。
声音：女性偏萝莉音，字体：快乐体。
```

图 7-14　文学脚本

（1）场景描述：详细描绘了每个镜头的场景环境，包括地点、道具、光线和色彩等。
（2）人物对话：角色之间的对话内容，通常以对话的形式呈现。
（3）动作：角色在镜头中的行为和动作，如走动、坐下、握手等。
（4）心理活动：角色的内心感受和思考，通常以旁白的形式呈现。
（5）其他标注：针对视频的其他特殊要求和注解。

文学脚本通常用于以文学创作为基础的内容制作，例如电影、电视剧、广告等。由于其详细的故事情节描述和画面呈现，文学脚本需要较高的文学素养和创作能力来完成编写工作。在拍摄过程中，导演和其他制作人员会根据文学脚本的指导进行拍摄工作，以确保视频内容的准确性和完整性。文学脚本可以帮助创作者更好地实现创意和目标，提高视频的质量和观赏性。

分镜头脚本、提纲脚本和文学脚本是三种不同类型的短视频脚本，它们各自具有不同的编写方式和应用场景。分镜头脚本注重镜头的细节规划和连续性；提纲脚本则相对简单，主要用于记录生活体验；文学脚本则注重故事情节的呈现和画面的细节描述。根据实际需求选择合适的脚本类型，有助于更好地实现创意和目标，提高视频制作的质量和效率。在编写不同种类的脚本时，创作者需灵活运用各种写作技巧和方法来创作出精彩的作品。

4. 短视频脚本的特点

一个好的短视频脚本通常具备以下特点：

故事性强：包含引人入胜的情节和角色，能够引发观众的情感共鸣。

镜头描述清晰：对每个镜头的拍摄方式、画面内容、动作细节等有明确指示。

细节完善：考虑到音效、配乐、字幕等细节元素，确保视频的完整性和流畅性。

时间把控得当：合理安排镜头时长，保持视频节奏紧凑。

通过以上对短视频脚本的定义、特点和案例分析，我们可以得出以下结论与启示：

其一，短视频脚本是指导视频制作的核心工具，它为创作者提供了一种系统化、结构化的方式来组织和呈现他们的创意想法。一个详细的脚本不仅可以帮助团队成员更好地理解制作要求，还能确保内容的一致性和连贯性。同时，短视频脚本也方便创作者进行预览和修订，以便在制作过程中及时发现问题并进行调整。因此，对于想要制作高质量、有影响力的短视频的人来说，掌握编写短视频脚本的技巧是非常重要的。

其二，短视频脚本的创作需要综合考虑多个方面，包括故事性、角色设定、对话编写、视觉效果、节奏控制等。这要求创作者具备一定的文学和编剧功底，以及对视听细节的敏锐洞察力。通过不断实践和反思，创作者可以提升自己的脚本创作能力，形成独特的风格和叙事手法。

其三，短视频脚本的创作是一个迭代的过程。在初步完成脚本后，创作者应该对其进行审查和修订，确保内容的完整性和准确性。同时，创作者也可以邀请他人提供反馈，以便进一步完善脚本。在这个过程中，创作者需要具备开放的心态和批判性思维，能够接纳他人的意见和建议，并将其融入脚本的修订中。

其四，了解目标受众和市场需求对于创作短视频脚本至关重要。通过研究目标受众的兴趣、需求和行为特征，创作者可以更好地把握内容的方向和形式，以吸引观众的注意力。同时，了解市场趋势和竞争对手的情况也有助于创作者找到独特的切入点和差异化优势，提升自身视频的影响力和竞争力。

其五，随着短视频平台的崛起和快速发展，对于短视频脚本的需求也在不断增长。这为创作者提供了更多的机会和挑战。为了在竞争激烈的市场中脱颖而出，创作者需要保持敏锐的洞察力和创新意识，不断探索新的内容形式和叙事手法。同时，创作者也需要关注新技术的发展和应用，如虚拟现实、增强现实等，以创新的内容形式和互动体验吸引观众的参与。

总之，短视频脚本的创作是一项需要综合运用多种技能和知识的任务。通过不断学习和实践，创作者可以提升自己的创作水平，为观众带来更多优质、有趣的短视频内容。同时，随着市场的变化和新技术的发展，创作者也需要保持开放的心态和创新意识，以适应不断变化的市场需求和观众口味。

二、创作短视频脚本的技巧

在创作短视频脚本时，需要掌握一些关键技巧，以确保内容有趣、吸引人且易于理解。以下是一些专业级的短视频脚本创作技巧：

1. 明确目标与主题

在开始创作之前，确定视频的目标和主题至关重要。考虑希望视频传达的信息、希望观众在观看后采取的行动。这样有助于确保内容始终围绕核心信息展开，不会偏离主题。

2. 故事性与情节构建

引人入胜的故事和情节是吸引观众的关键。通过设置开头、中间和结尾，构建一个有趣的故事线，以引发观众的兴趣和情感共鸣。运用冲突、转折点和高潮来吸引观众，使他们始终保持关注。

3. 对话与对白设计

对话和对白是短视频脚本的重要组成部分。对话应简洁明了，富有情感和真实感。对白应与角色身份和情境相匹配，同时推动故事发展，避免冗长和复杂的句子，保持对话精练且有力。

4. 视觉元素运用

考虑如何通过视觉元素增强故事的表现力。合理布置场景、角色和道具，利用镜头角度和构图创造所需的氛围和情感。此外，还可以通过巧妙的颜色搭配和灯光布置为画面增色。

5. 节奏与剪辑控制

节奏是短视频成功的关键因素之一。通过合理安排镜头切换、音乐和音效，控制视频的节奏感。保持节奏的平衡，避免过快或过慢的剪辑速度，确保观众始终保持兴趣。

6. 情感与情绪引导

情感和情绪是吸引观众的重要手段。通过对话、音乐和画面效果，引导观众的情感投入，利用情感共鸣来增强观众对内容的认同感和记忆。

7. 人物塑造与角色设定

角色是故事的核心。在短视频脚本中，精心塑造具有特点和个性的角色，使观众更容易产生共鸣。通过对话、行动和背景故事来丰富角色形象，使其更加立体和生动。

8. 幽默与娱乐性

幽默是吸引观众的有效方式。在脚本中适当运用幽默元素，可以增加视频的娱乐性。但要注意适度，避免过度追求幽默而偏离主题或影响故事情节的发展。

9. 悬念与惊喜元素

悬念和惊喜能够引发观众的好奇心和期待。在脚本中设置悬念和意想不到的转折点，为观众提供惊喜，使其对故事发展保持关注。

10. 对话与对白设计

对白是视频中传达信息和情感的途径之一。精心设计角色之间的对话，确保语言准确、生动且具有表现力。对白应当简洁明了，避免过于复杂或冗长的句子结构。通过有效的对话设计，可以推进故事的情节发展，使观众更加投入。

任务实践

南丰蜜橘短视频分镜头写作

任务目的

本次短视频分镜头写作任务旨在通过创意策划和视觉表现，充分展示南丰蜜橘的独特魅力，提升其在消费者心中的品牌形象，并激发观众的购买欲望。同时，通过分镜头写作的实践，提高学生的创意策划能力和视觉表达能力。

任务背景

南丰蜜橘，作为江西省南丰县的特产，以色泽鲜艳、口感细腻、甜度高而著称。随着社交媒体的普及，短视频成为消费者获取产品信息的重要途径。因此，通过精心策划的短视频分镜头，可以有效吸引观众的注意力，传递南丰蜜橘的品牌价值。

任务要求

（1）创意策划：要求根据南丰蜜橘的特点和目标受众，进行创意策划，确定短视频的主题和风格。

（2）分镜头设计：根据创意策划，设计短视频的分镜头，包括画面内容、拍摄角度、景别、时长等，确保每个镜头都能有效地展示南丰蜜橘的特点。

（3）文字描述：为每个分镜头编写简短的文字描述，包括镜头内容、画面氛围、情感表达等，以便导演和摄影师理解并实现创意。

（4）技术要求：要求熟悉基本的摄影和剪辑技术，确保分镜头的实现效果符合预期。

任务实施

（1）创意策划阶段：进行市场调研，了解南丰蜜橘的特点和目标受众需求，确定短视频的主题和风格。

（2）分镜头设计阶段：根据创意策划，设计短视频的分镜头，包括画面内容、拍摄角度、景别、时长等，并编写相应的文字描述。

（3）制作阶段：与导演和摄影师沟通，将分镜头设计转化为实际的拍摄计划。拍摄过程中要注意画面质量、光线和色彩等因素，确保每个镜头都能有效地展示南丰蜜橘的特点。

（4）后期剪辑阶段：根据拍摄完成的素材，进行剪辑和后期处理，确保短视频的流畅性和连贯性。同时，根据需要对音频进行调整，添加背景音乐或配音，以增强视频的感染力。

（5）成果展示与反馈：完成短视频后，进行展示和分享，可以是线上平台发布或课堂展示。展示后，收集观众或同行的反馈意见，进行改进和提升。

脚本举例：

南丰蜜橘短视频分镜头写作示例：

镜头一：

画面内容：果园全景，阳光透过树叶洒落在蜜橘上。

文字描述："阳光下的南丰蜜橘园，生机盎然。"

镜头二：

画面内容：特写南丰蜜橘，展示其色泽鲜艳、果皮光滑的特点。

文字描述："南丰蜜橘，色泽鲜艳，令人垂涎。"

镜头三：

画面内容：果农正在采摘蜜橘，脸上洋溢着丰收的喜悦。

文字描述："丰收的季节，果农们用辛勤的汗水换来了满满的收获。"

镜头四：

画面内容：一家人围坐在桌旁，品尝着南丰蜜橘，脸上露出满足的笑容。

文字描述："南丰蜜橘，给生活带来温馨和甜蜜。"

镜头五：

画面内容：南丰蜜橘打包发货的场景，展示其品质保证和新鲜度。

文字描述："品质保证，新鲜直达，让南丰蜜橘的甜蜜陪伴您每一天。"

结尾：

画面内容：南丰蜜橘的 Logo 和购买渠道信息。

文字描述："南丰蜜橘，大自然的馈赠，等您来品尝。快来选购吧！"

这个分镜头示例以果园、蜜橘、果农、家庭和购买渠道等元素为线索，通过不同场景的切换和氛围的营造，充分展示了南丰蜜橘的独特魅力和品牌价值。同时，通过简洁明了的文字描述，为导演和摄影师提供了清晰的创作思路。

项目七　短视频、直播标题文案的创作

任务评价

根据以上任务实践的完成情况，填写任务评价表 7-6。

表 7-6　短视频脚本任务评价表

评价项目	评价内容	分数	评价说明	自我评价	小组评价	教师评价
任务实施（60分）	掌握基本的短视频脚本写作技巧	20分	掌握本节内容所学短视频脚本的基本写作技巧			
	分析不同类型短视频脚本的应用场景	20分	善于将所学书本知识，运用到实际案例分析中			
	了解如何评价短视频文案的成功	20分	从短视频的阅读量、转发量和评论数以及大众知晓程度等方面进行考虑			
工作技能（20分）	查找资料信息	10分	善于利用互联网或者其他资源查找有效信息			
	分析成功之处	10分	善于思考总结			
职业素养（20分）	认真严谨	10分	认真查找资料，充分运用信息进行决策，优化决策			
	沟通表达	5分	主动提出问题，快捷有效地明确任务需求			
	团队合作	5分	快速地协助相关同学进行工作			
计分						
总分（按自我评价30%、小组评价30%、教师评价40%计算）						

163

新媒体文案写作

任务三　直播标题文案的创作

任务导入

在生活中，包含经验分享的直播标题特别受用户喜爱，因为他们经常是带着一定的目的性去观看直播，想在直播中吸取某一方面的经验与技巧总结，如图7-15所示。通过这个标题可以看出，主播想向用户分享好物。

图 7-15　好物分享

知识预备

一、直播标题文案的种类

1. 专家讲解类标题

所谓专家讲解类标题，是以表达观点为核心的直播标题形式，一般会精准到人，将人名和群体名称放置在标题上，后面紧接着补充对某件事的观点或看法。

这一专家讲解类直播标题在运用中有许多形式，直播中通常会采访专家或者教授或者邀请其共同参与直播。

人名加直播内容，这一类标题利用名人的名气来提高直播的热度，突显了直播的重点，同时也让用户一眼就明白观点内容。图7-16所示就是采用此类直播标题。

观点展示标题还有一种形式，那就是对提出观点的人做了水平或其他方面的层级定位，也可以说是上面案例标题形式的变体。它意在通过提升主播的层级定位来增加标题观点和直播内容的可信度。

下面以"资深"为例，说明这类观点类型的直播标题，如图7-17所示。这一类标题给人一种很权威的信服感，很容易获得用户的信任。

图7-16　专家类标题

图7-17　观点类型标题

2. 设问式标题

疑惑自问式直播标题又称问题式标题、疑问式标题。问题式标题可以算是知识型标题与反问式标题的一种结合，以提问的形式将问题提出来，但用户又可以从问题中知道直播内容是什么。一般来说，问题式标题有六种公式，主播只要围绕这六种公式撰写问题式标题即可。

第一类是疑问词前置式：

"什么是＿＿＿＿＿＿＿"

"为什么＿＿＿＿＿＿＿"

"怎样＿＿＿＿＿＿＿"

"如何＿＿＿＿＿＿＿"

第二类是疑问后置式：

"＿＿＿＿＿＿＿有哪些技巧"

"＿＿＿＿＿＿＿有哪些秘诀"

下面，我们来看两个问题式标题案例。图7-18所示为疑问前置式的直播标题，这一类标题通常将疑问词放在最前面，从而引起用户的注意，当用户看见如"为什么""如何""怎样"等一系列词语时也会产生相同的疑问，进而点开直播寻求问题的答案。

图7-19所示为疑问词后置式标题，这一类标题喜欢将疑问放在末尾，引起用户兴趣。人们往往对"秘诀、技巧、秘籍"等词具有很强的兴趣，用这一系列的词是为了给人普及一些常识或是知识，人们在看到这一类标题时，也会抱着学习的心理去观看直播，也就增加了直播的点击率。

165

图 7-18 疑问词前置式标题　　　　　　　图 7-19 疑问词后置式标题

3. 数量冲击型标题

数量冲击型标题也叫统计冲击型标题,就是在标题中标明具体数据的直播间标题形式。一般来说,数字对人们的视觉冲击效果较明显,一个巨大的数字能与人们产生心灵的碰撞,让人产生惊讶之感。人们往往通过数字来得知其背后的内容,自然想要点进直播去一探究竟。

下面我们来看两则数量冲击型标题。图 7-20 所示为单一数字式标题,这一类标题往往有一个看上去特别大或者极小的数字,可以起到令人惊讶的效果。

图 7-21 所示为多数字对比式标题,往往以一大一小的数字做对比的方式出现在标题里,这种强烈对比和巨大差异会给人造成一种视觉上的冲击和震撼。

图 7-20 数量冲击标题　　　　　　　图 7-21 数字对比标题

4. 总结型标题

"十大总结"是指将物品进行十大总结和排名,例如"十大好物推荐""正品牌名牌十大国产""瑞士十大品牌机械表""十大品牌鱼竿手竿"等直播间标题。图7-22所示为"十大"类型的直播标题案例。

"十大"型标题的主要特点有传播率广,容易被转载,有一定的影响力。此外,"十大"一词代表了选择和优化之后的结果,留下的都是精华部分,免去了信息筛选的复杂过程,这种标题的直播通常能带给用户更好的观看体验。

5. 同类对比型标题

同类对比型标题是通过与同类产品进行对比,来突出自己产品的优势,加深用户对产品的认知和印象。

同类对比型有一部分只是同类产品的一个大盘点,各类产品的优缺点都有所展示,不刻意突出某一产品的功能,不带功利性质,如盘点同一类小吃在不同地区所呈现的味道、盘点某某地景区、盘点中国历史上的谋臣武将等。图7-23所示为同类对比型标题案例。

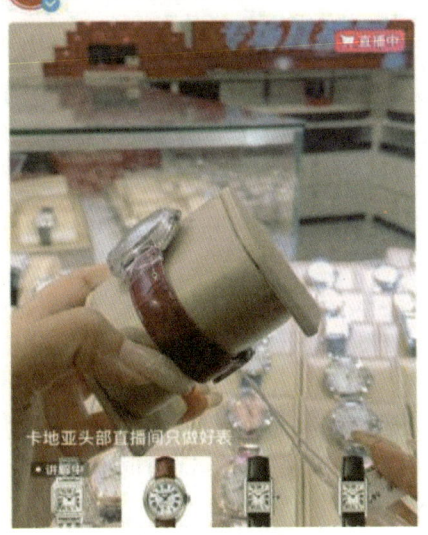

图7-22 总结型标题

图7-23 同类对比型标题

带有功利性质的同类产品对比则较为明显,将两款不同品牌的产品拿出来做对比,突出某一产品的优点或是突出自身产品的特点。比如不同品牌在同一时期发布的两款手机的性能对比,或者是将不同品牌、价格相差无几的空调进行节能效果对比来突出某产品。

同类对比的产品,大都有某些相似之处,如价格、性能、特色等,分条逐列地对比展示出来。比对式标题还可以加入悬念式标题的手法,能更加突显出标题的特色,吸引消费者的注意力。既用了对比,又有悬念,很符合当代人的口味,如"双强组合VS浪肖组合""期待你能来,遗憾你离开""有种差距叫'同剧同造型':不比不知道一比吓一跳,颜值再高气场依旧被带偏"等直播标题。

6. 流行语标题

流行语型直播间标题，就是将网上比较流行的词、短语、句子，如"我不要你觉得，我要我觉得""我太难了""硬核""柠檬精"等，嵌入直播标题中，让用户一看就觉得十分有意思。

这种网络流行用法常常被运用在短视频、朋友圈、微博中。因这一类网络流行语传播速度非常快，读起来不仅诙谐幽默而且朗朗上口，在标题撰写中经常被用到，十分夺人眼球。图7-24所示为流行词直播标题案例。

流行词的运用紧跟时代潮流又充满创意，有吸睛效果，用户十分乐意去点击这一类型直播间。

图 7-24　流行词标题

二、直播标题文案的创作技巧

在写直播标题的时候，仅仅注重钻研标题的形式是不够的，还要学会在标题中用关键词吸引用户，增加直播间的点击量和曝光率。怎么用好关键词，提炼痒点是关键。

1. 痒点提炼：免费

"免费"一词在直播间标题的打造里面起着不可忽视的作用。在标题中适当且准确地加入"免费"一词，可以很好地吸引用户。

在直播的标题当中，"免费"一词可以很好地抓住用户的某种心理。当用户看到标有"免费"一词的标题时，往往会不自觉地想去查看是什么东西免费，从而点击并进入直播间。

说是"免费"，其实并不代表就是真正意义上的免费，只是一个噱头，其作用就是吸引用户的注意力，从而达到营销的目的。在商业营销里面，"免费"这个词也有着十分广泛的应用，但它在商业战场上有一个特定的专业名词——"免费式营销"。直播间的标题中加入"免费"，实际上也是一种"免费式营销"。

"免费式营销"是一种基于消费者心理而提出的市场营销策略。相对于付费来说，消费者更喜欢不要钱也能得到的东西，这个理念也正是抓住了消费者的心理，可谓是"对症下药"。

2. 痒点提炼：全新

这一类标题所体现的内容一般都是经过一段时间的准备或是消失了一段时间之后的重新回归。带有"全新"一词的标题多指某产品的重新面世，所针对的用户大部分是以前的老用户，通过对之前产品加以完善和优化，然后进行产品宣传，也能在很大程度上吸引新的用户注意和尝试。

"新品发布"一词具有很强的时效性。代表某一新产品的公布，给人的感觉较为正式。从用户的心理上来研究，人们往往喜欢在某些事上做第一个知道的人，然后去分享给别人，这就是所谓的"存在感"。许多电子产品都会利用"新品发布"进行直播。图 7-25 所示为某手机品牌新品直播发布会。

3. 痒点提炼：清库存与最后

常常会利用"清库存"或"清仓"一词来进行电商直播，如图 7-26 所示。给人一种时间上的紧迫感，促使用户赶紧点击，以免错过。

"最后"一词在直播的标题中有着警示提醒的作用，当用户看到"最后"一词时，有一种如果不赶紧进入直播间就会没有了的感觉。图 7-27 所示为加入"最后"一词的直播标题。

图 7-25　痒点提炼：全新

图 7-26　痒点提炼：清库存

图 7-27　痒点提炼：最后

4. 痒点提炼：现在与从今天开始

在直播标题当中，"现在"和"从今天开始"均代表一个时间节点，这类标题所讲的内容也是在这个时间节点之后才发生的事情。

"现在"是一个现在进行时态的词语，它表示当下的这一刻，也可以是指当下的一段时间。当这一词出现在直播标题当中时，就表示直播的内容是具有最新时效的。人们所关注的大都是自己身边或是这段时期所发生的与自身相关的事情,当看见直播标题当中有"现在"一词时,就会点开去看看。

"从今天开始"是指以今天为界限,强调"今天"和"开始",代表了一件事情将从"今天"开始有所变化或执行。

5. 痒点提炼:指向性词语

"这""这些"和"这里有"都是指向性非常明确的关键词,在直播标题当中运用恰当,对直播间的点击率影响巨大,如图7-28所示。

图7-28 痒点提炼:指向性词语

在撰写直播标题的时候,光抛出一件事情或一句话是不够的,用户需要引导和给出一些简单明了的指示,这个时候,在标题中加入"这""这些"等词就显得十分必要了。

这两个词在标题中的应用原理很简单,比如有人告诉你某个地方正在发生一件很奇怪的事情,但他只跟你说在哪里发生的,却不将这件事情详细地讲给你听,最终你还是会自己去看看究竟。这一类带有"这""这些"字眼的标题就是这样吸引用户的。

在直播标题中切入"这里有"的目的性也很明确,就是在告诉用户这里有你想知道或必须知道的内容,从而促使其点击直播间。

这一类标题大都是采用自问自答又或者是传统式的叫喊,比如"这里有你想要的气质美""大码爆款T恤这都有""这个直播间有1元福利"之类的。无须太多技巧,只需适时适当地知道用户想要什么就可以了,避免了其他形式标题的弯弯绕绕,又不会出太大的差错。

这种类型的标题更简单直接,用户在看到直播标题时对直播内容有了一定的了解,也能让对标题所提到的信息点感兴趣的用户进入直播间,以此来提高点击率。

6. 痒点提炼:怎样和哪一个

"怎样"和"哪一个"都具有选择和征求意见建议的意思,这两个词出现在直播的标

项目七 短视频、直播标题文案的创作

题当中时，也给了用户一个选择，让用户参与到直播当中来，从而达到主播与用户互动的效果。

"怎样"一词在标题撰写当中一般有两种意思。一种是指怎么解决，讲的是方式方法，展示的内容是要帮助用户解决生活或工作当中的某一种较为普遍的问题，为用户出谋划策；一种是主播讲述一件事，征求意见建议。

当它以方式方法的意思出现时，人们关注的也就是解决问题的方法；当它以征求意见的意思出现时，表现了主播对用户的一种尊重，用户的直播体验会大大提高。当然，对于"怎样"的运用不能只局限于它的某一种意思和功能，要根据直播内容灵活运用。

"哪一个"在直播标题当中出现时，就代表了一种选择，它比"怎样"一词所表示的选择性更为明确和直观。带这一关键词的直播标题其实在无形之中就产生了互动，有了互动才能极大地调动用户的积极性，让用户更愿意参与到阅读中来。例如"想让我介绍哪一款呢""喜欢哪款鞋跟主播说""这么穿，哪里显胖""商务本和游戏本哪款更合适"等。

7. 痒点提炼：你是否和你能否

"你是否"和"你能否"同属于疑问句式，在标题中出现代表了对用户的提问，这一类标题更加注重与用户的互动。

"你是否"这一关键词的意思就是"你是不是怎样"，是对用户现状的一种询问。用户会下意识把标题当中的问题代入自己身上，都会下意识去看看。就像星座，尽管很多人并不相信，但看到自己的星座解析出现的时候，也都会下意识去查看。

"你能否"的意思就是"你能不能怎样"，通常是在问用户能不能做到像直播间标题里说的那样，是对用户能力或是未来状况的一种表达或预测。这种标题通常给人一种指示或灵感，让用户去发现标题当中所涉及的能力或者趋势。

这种标题通常能够让用户了解到自己是否具备标题当中所说的某一种能力，或是有没有把握住标题所涉及的趋势。之所以能吸引用户，是因为它在问用户的同时又能让用户反思自己，既能获得信息又能让自己进入有所收获的直播间，用户往往是很乐于点击的。例如"你是否有便秘""你是否有脱发困扰""你是否被偷拍跟踪过""你的面膜是否适合你"等直播间标题。

任务实践

南昌炒粉速食包直播标题文案写作

任务目的

本次任务旨在提升学生对产品直播标题文案的写作能力，结合南昌炒粉速食包的特点，创作出吸引人、具有销售力的直播标题文案，从而增强消费者对产品的认知和购买欲望。

任务背景

南昌炒粉作为江西特色小吃，以其独特的口感和风味深受消费者喜爱。近年来，速食市场的兴起为消费者提供了便捷的饮食选择。南昌炒粉速食包作为新兴产品，需要通过有

效的宣传和推广，抓住市场机遇，提升品牌影响力。

任务要求

（1）深入了解南昌炒粉的历史背景和文化内涵，挖掘其独特卖点。

（2）分析目标受众的需求和喜好，制定有针对性的文案策略。

（3）创意构思，运用生动的语言描述南昌炒粉速食包的口感、品质、食用便利性等特点。

（4）注意文案的简洁明了，易于理解，同时要具有吸引力和感染力。

任务实施

（1）资料收集与分析：

收集南昌炒粉的历史、文化背景资料；

分析当前速食市场的趋势和消费者需求；

确定目标受众，分析其喜好和购买习惯。

（2）文案构思：

确定标题主题和风格，如"传承江西美味，快捷享受南昌炒粉"；

突出南昌炒粉的特色，如独特的调料、爽滑的口感等。

（3）文案撰写：

引导观众感受产品的独特魅力，激发购买欲望。

体现文化特色和地域特色。

（4）文案优化与完善：

根据反馈调整文案内容，提升吸引力；

确保文案简洁明了，易于理解。

文案举例

（1）"豫章故地美味现，南昌炒粉直播间。"（豫章是南昌的古称，突出地域特色。）

（2）"滕王阁畔香四溢，南昌炒粉直播间。"（借助南昌著名景点滕王阁，展现地域特色。）

（3）"英雄城南昌味，炒粉飘香直播间。"（南昌是英雄城，点明地域特色和美食。）

（4）"赣江明珠南昌韵，炒粉热辣直播间。"（把南昌比作赣江明珠，凸显地域特色。）

（5）"南昌古城烟火气，炒粉登场直播间。"（强调南昌古城的氛围和炒粉的特色。）

（6）"洪都旧梦映美味，南昌炒粉直播间。"（洪都是南昌的旧称，富有历史感和地域特色。）

（7）"魅力南昌风情显，炒粉热卖直播间。"（展现南昌的魅力和炒粉的地域特色。）

（8）"南昌福地美食香，炒粉来袭直播间。"（突出南昌是福地，美食炒粉在直播间呈现。）

项目七 短视频、直播标题文案的创作

任务评价

根据以上任务实践的完成情况,填写任务评价表7-7。

表7-7 短视频文案任务评价表

评价项目	评价内容	分数	评价说明	自我评价	小组评价	教师评价
任务实施（60分）	掌握基本的直播标题文案写作技巧	20分	掌握本节内容所学直播文案的基本写作技巧			
	分析直播标题文案运用技巧	20分	善于将所学书本知识,运用到实际案例分析中			
	了解如何评价直播标题文案的成功	20分	从直播间的观看数、销量和热度以及大众所知晓程度等方面进行考虑			
工作技能（20分）	查找资料信息	10分	善于利用互联网或者其他资源查找有效信息			
	分析成功之处	10分	善于思考总结			
职业素养（20分）	认真严谨	10分	认真查找资料,充分运用信息进行决策,优化决策			
	沟通表达	5分	主动提出问题,快捷有效地明确任务需求			
	团队合作	5分	快速地协助相关同学进行工作			
计分						
总分（按自我评价30%、小组评价30%、教师评价40%计算）						

自我检测

一、知识巩固

（1）短视频标题文案有哪些?

（2）短视频文案的结构主要有哪些?

（3）什么是短视频脚本?短视频脚本一般分为哪几类?短视频脚本写作技巧主要有哪些?

（4）直播标题文案在电商中的地位如何?直播标题文案有哪些?直播标题文案的写作技巧主要有哪些?

173

二、实训任务

（1）请搜索比较成功的短视频脚本，并从脚本特色、运用了哪些写作方法等方面进行分析。

（2）题目：短视频脚本写作练习

请根据以下情境创作一个短视频脚本，要求包含分镜头脚本、提纲脚本和文学脚本三种形式。

情境描述：

你是一位热爱旅行的人，计划拍摄一个关于旅行的短视频。你希望通过这个视频分享你的旅行经历、见闻和感受，激发观众对旅行的兴趣和热情。

（3）请搜索比较成功的短视频文案营销案例，并从文案特色、运用了哪些写作方法等方面进行分析。

（4）请搜索比较成功的直播文案案例，并从文案特色、运用了哪些写作方法等方面进行分析。

（5）根据下列任务和要求写文案：

主题：旅游景点推广

任务：撰写一段介绍旅游景点的短视频文案，吸引更多游客前来参观。

要求：

① 文案要简洁明了，控制在300字以内；
② 要突出景点的特色和亮点，凸显其独特性；
③ 文案要具备一定的文艺性和情感吸引力，以打动观众；
④ 文案要包括对游客的呼吁和邀请，鼓励他们前来参观。

根据实训任务的完成情况，填写实训任务评价表7-8。

表7-8 实训任务评价表

实训项目	考核内容	配分	评价标准	得分
1.短视频脚本的创作	能够正确地写出标准的短视频脚本	20	所写的短视频脚本效果较好（20分）一般，反响一般（12分），较差，反响较差（6分）	
2.短视频脚本的分析	能够针对短视频脚本，进行优劣势分析	40	分析恰当（40分） 分析一般（30分） 分析不到位（15分）	
3.短视频脚本写作方法分析	能够分析该短视频的具体写作方法	40	分析恰当（40分） 分析一般（30分） 分析不到位（15分）	
总计		100		

项目七　短视频、直播标题文案的创作

📖 项目小结

本项目对短视频、直播标题文案写作在电商中的重要性和主要表现形式做了展现，对短视频、直播标题写作方法及发布技巧进行了训练。现将本项目重点内容总结如下：

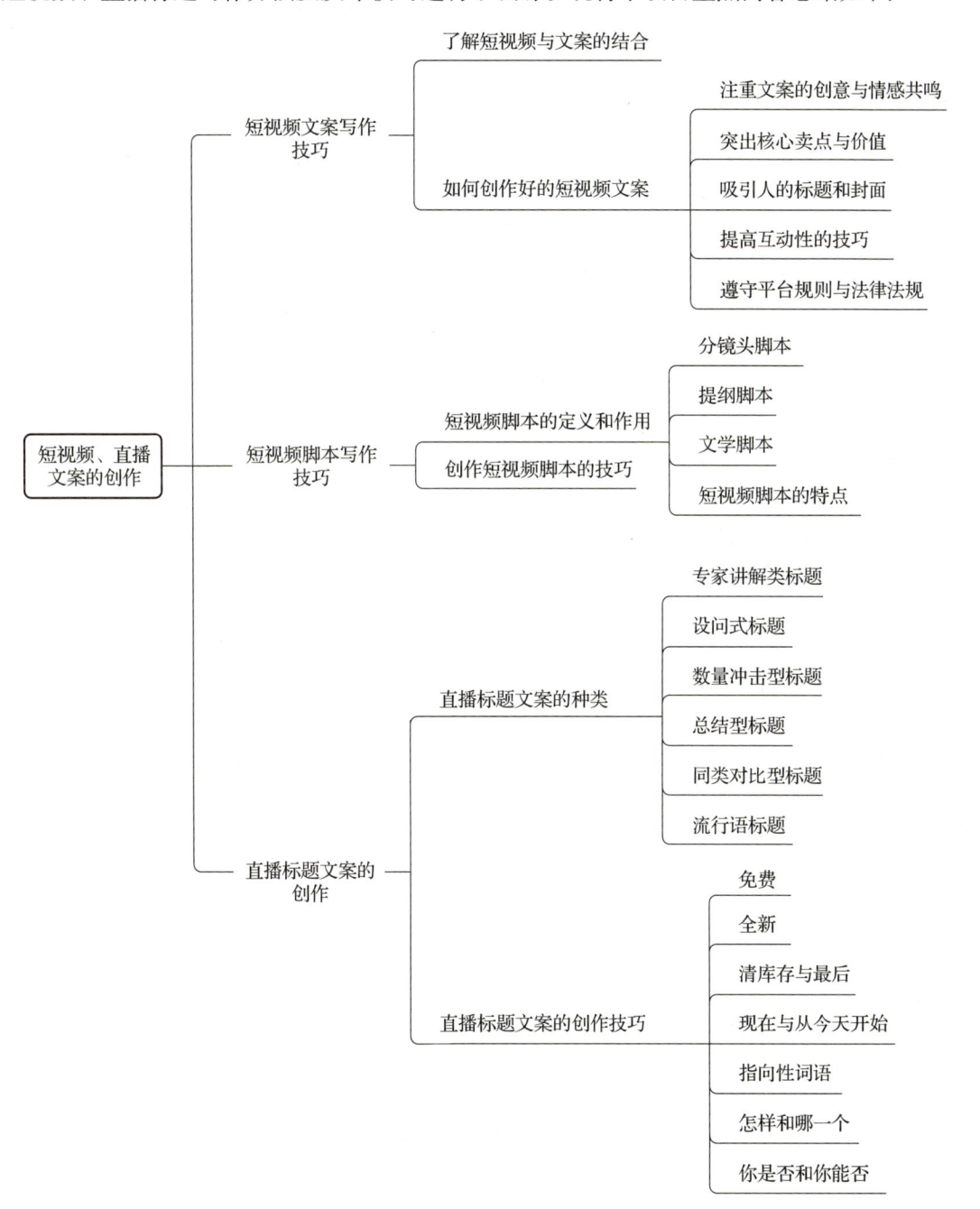

```
                                    ┌── 了解短视频与文案的结合
                    ┌─ 短视频文案写作 ─┤
                    │   技巧          │                    ┌── 注重文案的创意与情感共鸣
                    │                 │                    ├── 突出核心卖点与价值
                    │                 └── 如何创作好的短视频文案 ─┼── 吸引人的标题和封面
                    │                                      ├── 提高互动性的技巧
                    │                                      └── 遵守平台规则与法律法规
                    │
                    │                                      ┌── 分镜头脚本
短视频、直播 ───────┼─ 短视频脚本写作 ─┬── 短视频脚本的定义和作用 ─┼── 提纲脚本
文案的创作          │   技巧          │                    └── 文学脚本
                    │                 └── 创作短视频脚本的技巧 ───── 短视频脚本的特点
                    │
                    │                                      ┌── 专家讲解类标题
                    │                                      ├── 设问式标题
                    │                 ┌── 直播标题文案的种类 ─┼── 数量冲击型标题
                    │                 │                    ├── 总结型标题
                    │                 │                    ├── 同类对比型标题
                    └─ 直播标题文案的 ─┤                    └── 流行语标题
                        创作          │
                                      │                    ┌── 免费
                                      │                    ├── 全新
                                      │                    ├── 清库存与最后
                                      └── 直播标题文案的创作技巧 ─┼── 现在与从今天开始
                                                           ├── 指向性词语
                                                           ├── 怎样和哪一个
                                                           └── 你是否和你能否
```

参考文献

普通图书

[1] 徐建美，何璐. 电商文案创意与写作（微课版）[M]. 2版. 北京：人民邮电出版社，2023.

[2] 黄红波，丁莎. 电子商务文案写作（慕课版）[M]. 北京：人民邮电出版社，2022.

[3] 孙清华. 超级转化力：电商爆品文案写作指南[M]. 北京：人民邮电出版社，2018.

[4] 喻红艳，陈庆盛. 电商文案创意与写作——文案策划+内容营销+品牌传播（微课版）[M]. 北京：人民邮电出版社，2020.

[5] 孙清华，吕志君. 电商文案写作与传播[M]. 北京：人民邮电出版社，2019.

[6] 张弘，李自海，魏坚. 短视频与直播文案写作[M]. 北京：人民邮电出版社，2024.

[7] 骆芳，秦云霞. 新媒体文案策划与写作——从入门到精通（微课版）[M]. 北京：人民邮电出版社，2019.

[8] 章萍，成淼，廖敏慧. 电子商务文案策划与写作：软文营销 内容营销 创意文案（慕课版）[M]. 3版. 北京：人民邮电出版社，2023.

网络资源

[1] 抖音平台：http://www.douyin.com.

[2] 知乎问答：http://www.zhihu.com.

[3] 淘宝网：http://www.taobao.com.

[4] 哔哩哔哩视频平台：https://www.bilibili.com/.